MW01140003

COME IMPARARE IL NAPOLETANO IN 30 GIORNI

Walter Droio

ISBN: **978-88-93052-61-0**

INDICE

INTRODUZIONE

Dopo il successo della serie dei manuali dedicati alle lingue straniere, inaugurata da "**Come imparare lo spagnolo in 30 giorni**" di Giovanni Sordelli, abbiamo deciso di declinare questo format anche per l'apprendimento dei dialetti italiani.

In particolare, partiremo con uno dei dialetti più amati e vivi, il napoletano. Questo dialetto fa parte in modo viscerale della cultura italiana, in quanto, grandissimi artisti come **Pino Daniele** e **Massimo Troisi**, lo hanno sdoganato dai confini della Campania e lo hanno esportato, grazie alla propria arte, in lungo e in largo, in tutte le regioni d'Italia.

Capolavori come "**Napule è**", ormai sono classici della canzone italiana e non solo napoletana, così come pezzi storici della tradizione, come " **'O sole mio**", ormai inno mondiale alla gioia, all'amore e alla vita.

Parlare il dialetto napoletano non è da cafoni. Non bisogna collegare il napoletano al cantante neomelodico o al camorrista di Gomorra. Sfatiamo i luoghi comuni circa la presunta pericolosità di Napoli. Ormai, il capoluogo partenopeo è una delle maggiori mete turistiche italiane, al pari di Roma, Firenze e Venezia. Dunque, **venite a visitare Napoli senza timori e preconcetti, vi aspettiamo!**

Questo libro, dunque, si propone non solo di divulgare la conoscenza del dialetto napoletano, ma soprattutto di

promuovere la cultura partenopea, di cui tutti noi italiani dobbiamo essere orgogliosi.

Del resto, è bene preservare i nostri dialetti e proteggere le nostre antiche tradizioni, usanze e origini.

Questo corso di napoletano si rivolge a chiunque ami questa lingua, voglia apprenderla o, semplicemente, approfondirla. Dicevamo, è un libro di lingua e cultura napoletana, dunque, si rivolge a napoletani e non.

Grazie alla sua stesura, anche io da napoletano, ho potuto scoprire e riscoprire tanti aspetti della nostra cultura, per cui **ritengo questa opera adattissima, soprattutto, ai napoletani che vogliano approfondire la propria lingua e cultura.**

Il metodo è ormai noto: leggere un capitolo al giorno, per 30 giorni. In questo modo, ti assicuro che in un mese, potrai parlare in napoletano, cantare senza incertezze tutti i pezzi di **Pino Daniele, Renzo Arbore, Renato Carosone** e **Roberto Murolo** e seguire serie come **L'Amica Geniale** o **Gomorra** senza leggerne i sottotitoli.

P.S. L'Autore e l'Editore, si scusano con i puristi della lingua napoletana per eventuali refusi contenuti nel libro. Lo scopo della presente opera è puramente divulgativo verso la lingua e la cultura napoletana ma non si arroga alcun valore filologico. Per uno studio filologico della lingua napoletana, rimandiamo il lettore ad altri, ben più strutturati, testi.

1. L'ALFABETO E LA PRONUNCIA

Come giusto che sia, iniziamo il nostro corso di napoletano dalle fondamenta: impariamo la corretta pronuncia delle lettere dell'alfabeto e iniziamo a comprenderne i suoni, ossia a conoscere la **fonetica napoletana**, lettera per lettera.

A: Si pronuncia come in italiano ma è molto importante in quanto è l'articolo femminile più usato. Come articolo, si scrive con l'accento davanti ('a) e significa "la".
Esempio: **'a màchina** (l'automobile).

B: Si pronuncia sempre doppia. Il napoletano, infatti, ama questa lettera e la raddoppia sempre.
Esempio: **'o bbabbà** (il babà); **jammucènne 'o bbar** (andiamo al bar); **'sti bbastàrd** (questi bastardi).

Nota: La B si pronuncia spesso come "V". Es. baso (bacio) si legge "vaso".

C: Può essere più dura se gutturale, es. **stamme 'ca** (siamo qui), **'a cchiesa, 'o ccafè**; oppure più dolce se palatale, es. **'o ciùccio** (l'asinello); **'o ciàto** (il fiato).

Nota: Nel napoletano parlato, spesso la C viene pronunciata G. Es. 'Ncopp' (sopra) si può pronunciare anche 'ngopp'.

D: Quando è singola, ha un suono simile alla R, ma meno vibrato. Es. **doce** (dolce) si pronuncia "roce"; **damme** (dammi) si pronuncia "ramme".

11

Quando è doppia, si pronuncia come in Italiano. Es. **Addo' staje?** (Dove sei?); **Adda venì Baffone** (Deve venire Baffone).

E: Se tonica, può essere aperta o chiusa. Atona, si pronuncia come la E atona francese. IMPORTANTE: nei dittonghi tonici IE JE è quasi sempre chiusa, tranne poche eccezioni. Es.: **jètta!** (getta!).

Nota: In alcuni casi, la E si pronuncia I. Ad esempio, 'e riàvule (i diavoli), si pronuncia i riàvul.

F: Si pronuncia come in italiano. Es. **'a fune** (la fune); **'o fièrro** (la pistola); **'a furtùna** (la fortuna).

G: Ha suono gutturale molto morbido. Davanti a U suona come una W, es. **'a guàllera** si legge 'a wallera (lo scroto); **'o guàppo** si legge 'o wappo (giovane dai modi aggressivi); **guaglio'** si legge waglio' (ragazzo); **'e guaje** si legge 'e waje (i guai.
Nel suono palatale (GIA GE GI GIO GIU) si pronuncia sempre doppia. Es. **'a giacca; 'e gemme, 'e ggiuvane** (i giovani). Il gruppo GLI ha suono forte, es. l'aglio. Il gruppo GN è come in Italiano. Nel gruppo GR la G non si legge: es. gruòss (grosso) si legge 'ruòss e grattata si lette 'rattàta.

H: Si pronuncia come in italiano. Es. **Hamsìk** (l'ex capitano del Napoli).

I: Si pronuncia come in italiano. Es. **l'Intèr**.

In genere, le parole che terminano per consonante, di solito lasciti stranieri, portano l'accento sull'ultima sillaba. Es. Mercedès, Juventùs, ecc.

J: Solo nei dittonghi e trittonghi, o in sostituzione della G. Es. **Ije** (io); **jàmme** (andiamo); **'a Juventùs** (la Juventus); **'na janàra** (lett. una janara, strega beneventana; fig. una donna cattiva).

K: È usata nelle parole o nomi stranieri. Es. Koulibaly (difensore del Napoli).

L: Si pronuncia come in italiano. Es. **'o lamiènto** (il lamento); **'a lòta** (lett. la melma; fig. la schifezza).

M: Si pronuncia come in italiano. Es. **'o mariuòlo** (il ladro); **'a munnèzza** (l'immondizia); **o' mùnno** (il mondo); **'a malatìa** (la malattia).

N: Si pronuncia come in italiano. Es. **'o naso**; **'o nomme** (il nome).

Importante: Si noti che in napoletano, quasi sempre, l'ultima lettera non si pronuncia: leggi 'o nas', 'o nomm'.

O: La O tonica può essere aperta o chiusa. Quando precede l'accento si pronuncia U; quando lo segue, ha suono di E atona francese. IMPORTANTE: nel dittongo tonico UO è sempre chiusa!

Nota: nel napoletano parlato, sovente la O si legge U. Es. 'O sole si può leggere anche 'U sole.

P: Si pronuncia come in italiano. Es. **'a porta; 'o pino; 'a pùllece** (la pulce); **Pullecenèlla** (Pulcinella); **'o pullo** (il pollo).

Q: Si pronuncia come in italiano ma con un suono più morbido. Es. **o' quadro; ma quànno?** (ma quando?).

R: Si pronuncia come in italiano. Ben vibrata, se doppia. Es. **arràpe!** (apri!); **t'arròtano** (ti investono).

S: La pronuncia di questa lettera è molto importante nel napoletano. Può essere aspra come nelle parole **strùnz** (stronzo), **'o suònno** (il sonno o sogno), **'a stanza**; dolce come **'na rosa** (una rosa).

Attenzione: Molto importante il suono **SC** di **scèm** (scemo). Questo tipo di suono, il napoletano lo usa, impropriamente, anche in parole come **aspiètt** (aspetta) oppure **'a speranza, 'a spesa, 'o sfònno** (lo sfondo), **o' svenimiento** (lo svenimento), **'o scuòrno** (la vergogna), **'o scass** (lo scasso), **'a schifèzza** (la schifezza), **'a scùmma** (la schiuma), **o' sfizio, a' sputàzza** (la saliva), **'a sfaccìmma** (lo sperma), **'na spremmùta** (una spremuta), ecc.
In tutti questi casi la S deve essere sibilante, quasi fischiata e mai aspra.

T: Si pronuncia come in italiano. Es. **'na tarantèlla** (lett. una tarantella, ballo folkloristico; fig. un casino).

14

Nota: Nel napoletano parlato, spesso la T si addolcisce e viene pronunciata come D. Es. int'a machina (nella macchina) viene pronunciato anche ind'a machina.

U: Si pronuncia come in italiano. **Ll'uommèn** (gli uomini).

V: Si pronuncia come in italiano. Es. **'a votte** (la botte); **vàttere** (picchiare); **'o Vesuvio**; **'a vita**.
Importante: A volte la V può essere pronunciata come B; es. Verìmmo (vediamo) pronunciato "Berìmmo".

W, X, Y: Si usano nelle parole straniere.

Z: Può essere aspra o dolce. Quando è aspra ed è a principio di parola (se non è doppia nella pronuncia) si confonde quasi con una S aspra. Es. **'sta zoccola** (questa zoccola, intesa come grosso ratto o donna di facili costumi); **'sto zuzzùso** (questo sporcaccione); **'a zuzzìmma** (la sporcizia).

15

NOTA IMPORTANTE

ULTIMA VOCALE: Come detto, in napoletano quasi sempre <u>l'ultima vocale delle parole non si legge e, in genere, non si scrive nemmeno.</u>
Nei primi capitoli di questo libro, tuttavia, scriverò tutte le parole comprensive anche dell'ultima lettera, per correttezza lessicale.
Nei capitoli più avanzati, invece, per farti abituare alla reale pronuncia delle parole, ometterò l'ultima vocale, così come si usa nel napoletano parlato.

ACCENTI: Essendo il presente un manuale, <u>per farti apprendere la corretta pronuncia delle parole napoletane, le trascriverò sempre con l'accento dove essa cade foneticamente.</u> <u>Sappi, tuttavia, che nel napoletano scritto non è assolutamente necessario accentare le parole.</u> Pertanto considera tale accentatura, solo per finalità didattiche.

I segreti svelati in questo capitolo

. In molti casi la S napoletana si pronuncia come la SC di "sciare" e deve essere sibilante, quasi fischiata e mai aspra. Es. 'a schifèzza, 'a sputàzza.

. In napoletano, quasi sempre, l'ultima lettera non si pronuncia: si scrive 'o naso, 'o nano ma si legge 'o nas', 'o nan'.

. In alcuni casi, la E si pronuncia I. Ad esempio, 'e riàvule (i diavoli), si pronuncia i riàvul.

. La G davanti alla U (GU), si legge W. Es. guaglio' si legge waglio'; guàppo si legge wàpp.

. La Z a inizio parola può confondersi spesso con una S aspra. Es. 'a zuzzìmma (la sporcizia). Altrimenti è pronunciata come in italiano, come nella parola 'o zij (lo zio).

. Nel napoletano parlato, sovente la O si legge U. Es. 'O sole si può leggere anche 'U sole.

. La B si pronuncia spesso come "V" e, viceversa, la V si può pronunciare, a volte, B: Es. baso (bacio) diventa "vaso"; verìmmo (vediamo) diventa "berìmmo". Questo fenomeno fonetico si definisce "rotacismo".

. La D si pronuncia spesso R. Es. Damme 'nu vaso (dammi un bacio) si può pronunciare anche "ramm 'nu vas".

. Nel napoletano parlato, spesso la C viene pronunciata G. Es. 'Ncopp' (sopra) si può pronunciare anche 'ngopp'.

. Nel napoletano parlato, spesso la T si addolcisce e viene pronunciata come D. Es. int'a machina (nella macchina) viene pronunciato anche ind'a machina.

. Accento sull'ultima sillaba: In genere, le parole che terminano per consonante, di solito lasciti stranieri, portano l'accento sull'ultima sillaba. Es. Mercedès, Juventùs, ecc.

2. GLI ARTICOLI

Dopo aver iniziato letteralmente dall'abc, ossia dalla pronuncia delle lettere dell'alfabeto alla napoletana, passiamo in questo secondo giorno, allo studio degli articoli, la cui perfetta comprensione è essenziale per questo dialetto, perché sbagliarli sarebbe **'nu guàje gruòsso** (un grosso guaio, leggi *nu wàje ruòss*).

2.1. L'articolo determinativo

Partiamo dal singolare maschile. L'**articolo determinativo singolare maschile** più usato è **'o** che sta per **il**.
Es. **'o sole** (il sole); **'o tièmpo** (il tempo).

Altrimenti, si usa **l'** come in italiano. Es. l'ùrdemo (l'ultimo).

Al **femminile**, invece, usaremo **'a** per **la**.
Es. 'a sfugliàtella (la sfogliatella), 'a cazzìmma (la furbizia/cattiveria) e la doppia L (**ll'**), dinnanzi a una parola femminile iniziante con vocale. Es. ll'ànema (l'anima).

Al plurale, sia maschile che femminile, si usa **'e** per **i / gli/ le**. Es. 'e ciùre (i fiori); 'e scuòglie (gli scogli); 'e prufussurèsse (le professoresse).

Per le parole plurali, sia maschili che femminili, che iniziano per vocale useremo **ll'** come per ll'ùrdeme (gli ultimi, le ultime).

19

Nota: L'articolo 'E, al genere femminile, provoca il raddoppio della consonante iniziale della parola che regge.
Es. 'a femmena → 'e ffemmene; 'a casa → 'e ccase.

Un altro caso di raddoppio si ha con l'articolo maschile 'O davanti a nomi di sostanza.
Es. 'o zzucchero, 'o ppane, 'o ccemento, 'o ddoce (la dolcezza).

ATTENZIONE:
'o ccafè → il caffè, la bevanda
'o cafè → il caffè, inteso come locale

ECCEZIONE: IL RE ha sempre il raddoppio, come fosse una sostanza: 'O RRE.

2.2. L'articolo indeterminativo

Partiamo dall'articolo indeterminativo maschile singolare, che in italiano è **UN** e in napoletano è **'NU**.
Es. **Tu sì 'nu scem** (tu sei uno scemo); **'nu piatt 'e fasùlle** (un piatto di fagioli).

Se precede una vocale la U cade e 'NU diventa **N'**.
Es. n'anno (un anno); n'ato (un altro); n'omm (un uomo).
Dunque, non si dice ~~tu si nu omm 'e merd~~ ma **tu sì n'omm 'e merd**.

Al femminile, in italiano diremo **UNA**, in napoletana **'NA**.
Es. **'na merènna** (una merdenda); **'na bella fèmmena** (una bella donna).

Anche qui, in caso di sostantivo iniziante per vocale, useremo la forma troncata con l'apostrofo **N'**.

Es. **n'ànema** in pena (un'anima in pena); **n'ata vota** (un'altra volta).

Nota: Esistono anche le forme UNU - UNA ma si usano esclusivamente nel significato di UNO SOLO - UNA SOLA (ed è buona regola accompagnare la parola UNU - UNA, col gesto del dito indice che sta a evidenziare il numerale 1).

Es. 'O spitàle ce steva UNU mièdeco (All'ospedale c'era un solo medico); s'é appicciàto e ha fatto UNA lampa (Si è incendiato ed ha fatto un'unica fiammata).

Esercizi

1. Traduci in napoletano le seguenti parole, con i relativi articolo…

Il pane =
Il Napoli (la squadra) =
Uno stronzo =
Lo zucchero =
L'uomo =
Le femmine =
Il sonno =
Il caffè (bevanda) =
Il caffè (locale) =
La musica =
Le mani =

2. Scrivi l'articolo determinativo corretto in napoletano dinnanzi alle seguenti parole…

….. janàra
….. fèmmene
….. màsculi
…..omm
…..cazzìmma
….. juòrno
….. jurnàta

Soluzioni

Esercizio 1

Il pane = 'o ppane
Il Napoli (la squadra) = o' Nàpule
Uno stronzo = 'nu strunz
Lo zucchero = 'o zzùcchero
L'uomo = l'omm
Le femmine = 'e fèmmene
Il sonno = 'o suònno
Il caffè (bevanda) = 'o ccafè
Il caffè (locale) = 'o cafè
La musica = 'a mùseca
Le mani = 'e mmane

Esercizio 2

'A janàra
'E fèmmene
'E màsculi
L'omm
A' cazzìmma
'O juòrno
'A jurnàta

I segreti svelati in questo capitolo

. Gli articoli napoletani determinativi più importanti sono 'o (il) e 'a (la), che si usano davanti a parole che iniziano per consonanti.

. Dinnanzi a parole che iniziano per vocale si usa l' (il / la), es. l'uòcchio (l'occhio); l'ànema (l'anima).

. Gli articoli indeterminativi napoletani sono 'nu (un), 'na (una). Es. 'nu traghetto, 'na varca (una barca). Davanti a una parola che inizia per vocale, si usa la forma tronca n' come n'omm (uo uomo).

. L'articolo 'E, al genere femminile, provoca il raddoppio della consonante iniziale della parola che regge.
Es. 'a fèmmena ➔ 'e ffèmmene; 'a casa ➔ 'e ccase.

. Un altro caso di raddoppio si ha con l'articolo maschile 'O davanti a nomi di sostanza. Es. 'o zzùcchero, 'o ppane, 'o ccèmento, 'o ddoce (la dolcezza). Fa eccezione IL RE, che ha sempre il raddoppio, come fosse una sostanza: 'O RRE.

. Da non confondere 'o ccafè ➔ il caffè, la bevanda, con 'o cafè ➔ il caffè, inteso come locale.

3. LE PREPOSIZIONI

Mettila così, questo libro ti servirà anche per ripetere un po'
di grammatica italiana, che non fa mai male! Beh, ti ricordi
quali sono le **preposizioni** in italiano?

3.1. Le preposizioni semplici

A scuola le imparavano come una filastrocca: **di, a, da, in,
con, su, per, tra, fra.**

Vediamole singolarmente:

DI: In napoletano di traduce con **'E**
→ 'a machina 'e Ciro (la macchina di Ciro); 'a borza 'e
Carmela (la borsa di Carmela);
oppure con **d'** (davanti a parola o articolo iniziante con una
vocale) → d'Orazio (di Orazio).

A: Si usa come in italiano ma implica, spesso, il
raddoppiamento consonantico della parola successiva; per
esempio: **jamme a mmare** (andiamo al mare). Questo non
succede, ad esempio, con i nomi propri: **rincèll a Maria**
(diglielo a Maria), differentemente rispetto a **rincèll a
mmàmmeta** (diglielo a tua madre).

DA: Si traduce in napoletano con 'a (da non confondersi con
l'articolo determinativo singolare femminile: 'a canzone).
Es. **'O Papa vene 'a Roma** (il Papa viene da Roma).

Nota: Per tradurre espressioni tipo "Vado da Fulvio" si usa la preposizione "**addù**", che, articolata, diventa "**add'o, add'a**, ecc.", davanti ai nomi comuni. Esempi: **Vago addù Fulvio** (vado da Fulvio) - **Vago add'o prufessòre** (vado dal professore) - **Vago add'a capèra** (vado dalla parrucchiera) - **Vago add'un amico d'o mio** (vado da un mio amico).

IN: Si può tradurre con **'N** e si lega al sostantivo a cui si riferisce, es. **'nterra** (in terra); **'ncapa** (in testa).

CON: Corrisponde a **CU'** (es. **vien cu' mme** = vieni con me; **staje cu' chill?** = stai con quello?).

SU: Si traduce con **'NCOPPA** e **'NCOPP'** → **stiènnete 'ncopp 'o liètto** (stenditi sul letto); **vuo' 'o furmàggio 'ncopp' 'a pasta?** (vuoi il formaggio sulla pasta?).

PER: Si traduce con **P'** o **PE'** → **è pe' tte o p' iss?** (è per te o per lui?).

TRA, FRA: Si traducono allo stesso modo o, in caso, con la variante **'NTRA / 'NFRA**, es. **'ntra n'attimo** = tra un attimo.

3.2. Le preposizioni articolate

Beh, una volta che hai imparato le preposizioni semplici, imparare le preposizioni articolate è semplicissimo: ti basterà aggiungerci un articolo dietro!

Vediamo alcuni esempi:

'O magnà **d'o** cane = il mangiare del cane
L'acqua **d'a** mucia = l'acqua del gatto
'E pazzièlle **d'e** creatùre = i giocattoli dei bambini
'A carta **'ell'**ove = la carta delle uova

Dincèll **'o** *(a 'o) masto tuòio = Diglielo al tuo capo
Dancèll **'a** *(a 'a) maestra = Daglielo alla maestra
in questi casi, la preposizione articolata viene usata nella forma contratta, per evitare cacofonìa.

Stamme **int'a** cucina = siamo nella cucina
Sta' **int'o** cortile = è nel cortile
Tengo 'e vreccilli **int'e** scarpe = ho i sassolini nelle scarpe
Tengo 'nu dulore **int'all'** ànema = ho un dolore nell'anima

Staje **c'a** sora 'e Assunta? = Sei con la sorella di Assunta?
Cu n'uocchio guarda a jatta e **cu'll'** at frje o' pesce = Un occhio al gatto e l'altro al pesce (proverbio)

Sta **'ncopp'o** cummò = è sul comò
Me sta **'ncopp'o** stòmmaco = lett. mi sta sullo stomaco; fig. mi sta antipatico, non lo sopporto.

27

3.3. Le preposizioni improprie

Concludiamo lo studio delle preposizioni napoletane con le cosiddette "preposizioni improprie". Vediamone alcune, tra le più comuni nel lessico napoletano.

Giù = abbàscio
Abbascio 'o puorto = giù al porto

Dietro = adderèto / 'a reto
Adderèto 'o vico = dietro al vicolo

Presso = addù
Addù nuje = presso di noi

Avanti / davanti = annànze
Stamme annanze a cchiesa = siamo davanti alla chiesa

Appresso = apprièsso
Te vene apprièsso? = Ti viene dietro? (fig. Ti fa la corte?)

Riguardo = arriguàrdo
Arriguàrdo a chillu fatto... = Riguardo a quel fatto...

In mezzo = mmièzo
Ma staje sempe mmièzo? = Ma stai sempre in mezzo?

Fuori = fore
Ma staje fore 'e capa?!? = Ma sei fuori di testa?!?

Esercizi

3. Traduci in napoletano...

La pizza di Michele =
Il culo di tua sorella =
Che tieni in testa? =
Vieni con me? =
Per me va bene =
Quello ha la figa in testa =
Andiamo al mare =
Ci vediamo fuori =

4. Finisci la frase...

Hai messo il sale nella pasta?
'E mis 'o sale .... 'a pasta?

Vada prima dal professore
Vago primma .... prufessòre

Hai la guerra in testa!
Tien 'a guerra ....

Mi stai sulle balle!
Me staje .... palle!

Soluzioni

Esercizio 3

La pizza di Michele = 'a pizza 'e Michele
Il culo di tua sorella = 'o culo 'e sòreta
Che tieni in testa? = Che tieni 'ncapa?
Vieni con me? = Vien cu' mme?
Per me va bene = Pe' mme va buono
Quello ha la figa in testa = Chill ten 'a fessa 'ncapa
Andiamo al mare = Jamm 'a mmare
Ci vediamo fuori = Ce vedìmm fore

Esercizio 4

Hai messo il sale nella pasta?
'E mis 'o sale 'NCOPP 'a pasta?

Vada prima dal professore
Vago primma ADD'O prufessòre

Hai la guerra in testa!
Tien 'a guerra 'NCAPA

Mi stai sulle balle!
Me staje 'NCOPP'E palle!

I segreti svelati in questo capitolo

. In napoletano, la preposizione A si usa come in italiano ma implica, spesso, il raddoppiamento consonantico della parola successiva; per esempio: jamme a mmare (andiamo al mare). Questo non succede, ad esempio, con i nomi propri: rincèll a Maria (diglielo a Maria), differentemente rispetto a rincèll a mmammeta (diglielo a tua madre).

. La preposizione DA si traduce in napoletano con 'a (da non confondersi con l'articolo determinativo singolare femminile: 'a canzone). Es. 'O Papa vene 'a Roma (il Papa viene da Roma).

. Per tradurre espressioni tipo "Vado da Fulvio" si usa la preposizione "addù", che, articolata, diventa "add'o, add'a, ecc.", davanti ai nomi comuni. Esempi: Vago addù Fulvio (vado da Fulvio) - Vago add'o professore (vado dal professore) - Vago add'a capèra (vado dalla parrucchiera) - Vago add'un amico d'o mio (vado da un mio amico).

4. ESSERE E AVERE (I VERBI AUSILIARI)

I verbi ausiliari sono ESSERE e AVERE e sono definiti così in quanto possono essere coniugati o da soli o in combinazione con altri verbi, nella formazioni di tempi passati.

Ad esempio:

Io ho la febbre – prima persona, presente indicativo del verbo avere;
AUSILIARE - Io ho mangiato la mela – prima persona, passato prossimo del verbo mangiare;
Tu sei bella – seconda persona, presente indicativo del verbo essere;
AUSILIARE - Tu eri andato via – seconda persona, trapassato prossimo del verbo andare.

4.1. Il verbo ESSERE

Passiamo subito alla coniugazione napoletana del verbo essere nei vari tempi. Ti prego di memorizzare il più possibile.

Indicativo PRESENTE*

Ije **songo (o so')** – io sono
Tu **sì** – tu sei
Isso/essa **è** – egli/ella è
Nuje **simmo** – noi siamo
Vuje **site** – voi siete
Lloro **songo (o so')** – essi sono

Nota: ricorda sempre che il napoletano parlato non pronuncia l'ultima vocale delle parole, quindi "songo" si legge "song" e "simmo" si legge "simm".

*Il **PASSATO PROSSIMO** si genera semplicemente aggiungendo alla coniugazione del Presente, la parola "**STATO**": es. **ije songo stato** (io sono stato), ecc.*

Ind. IMPERFETTO

Ije **sèvo (o èro)** – io ero
Tu **sìve (o ìre)** – tu eri
Isso/essa **sèva (o èra)** – egli/ella era
Nuje **sèvemo (o èramo)** – noi eravamo
Vuje **sìveve (o ìreve)** – voi eravate
Lloro **sèveno (o èrano)** – essi erano

Ind. PASSATO REMOTO

Ije **fùie** – Io fui
Tu **fùste** – tu fosti
Isso/essa **fùie** – egli/ella fu
Nuje **fùimo (o fùiemo)** – noi fummo
Vuje **fùsteve** – voi foste
Lloro **fùino (o fùieno)** – essi furono

Nota: questa coniugazione non deve confondersi con quella omologa del verbo fuire (fuggire): ije fujo, tu fuje, isso/essa fuje, nuje fuimmo, vuje fuiste, lloro fujettero.

Ind. FUTURO*

Ije **sarràggio** – io sarò
Tu **sarràie** – tu sarai
Isso/essa **sarrà** – egli/ella sarà
Nuje **sarràmmo** – noi saremo
Vuje **sarràte** – voi sarete
Lloro **sarrànno** – essi saranno

*Nota: nel napoletano parlato moderno, il futuro è andato in disuso. Ti faccio un esempio pratico:
Che facìte dimàni? – *Che fate domani?*
Dimàni jamme addo' mammà – *Domani andiamo (andremo) da mamma.*

Come vedi, si dovrebbe usare il futuro ma erroneamente si usa il presente.

CONGIUNTIVO IMPERFETTO*

Sì ije **fosse (o sesse)** – se io fossi
Sì tu **fusse (o sisse)** – se tu fossi
Sì isso/essa **fosse (o sesse)** – se egli/ella fosse
Sì nuje **fòssemo (o sèssemo)** – se noi fossimo
Sì vuje **fùsseve (o sìsseve)** – se voi foste
Sì lloro **fòsseno (o sèssero)** – se essi fossero

*Per formare il **CONGIUNTIVO TRAPASSATO** basta semplicemente aggiungere alla coniugazione del Cong. Imperfetto, la parola "**STATO**": es. **sì ije sesse stato** (se io fossi stato), ecc.*

CONDIZIONALE PRESENTE*

*<u>**Tra parentesi la forma corretta, che però raramente viene usata nel napoletano parlato, che confonde il condizionale presente con il congiuntivo imperfetto.**</u>*

Ije **sesse (sarrìa)** – io sarei
Tu **sisse (sarrìsse)** – tu saresti
Isso/essa **sesse (sarrìa)** – egli/ella sarebbe
Nuje **sèssemo (sarrìamo)** – noi saremmo
Vuje **sìsseve (sarrìsseve)** – voi sareste
Lloro **sèssero (sarrìano)** – essi sarebbero

*Per formare il **CONDIZIONALE TRAPASSATO** basta semplicemente aggiungere alla coniugazione del Condizionale Presente, la parola "**STATO**": es. **ije sess stato** (io sarei stato), ecc.*

Altri tempi

Infinito e Participio in italiano e napoletano sono uguali.

Gerundio Presente: essènno
Gerundio Presente: essènno stato

4.2. Il verbo AVÉ (AVERE)

Dopo aver studiato il verbo essere, passiamo all'altrettanto importante verbo avere, che in napoletano chiamiamo avé. Anche qui, ti prego di memorizzare il più possibile, tuttavia, prima di passare alle coniugazioni, mi preme farti una fondamentale premessa: **in napoletano il verbo AVERE viene usato solo come ausiliare, poiché, altrimenti, si usa il verbo TENERE, nel senso di possedere, materialmente o metaforicamente.** Es. *ije tengo 'na machina rossa* (io ho una macchina rossa); *ije tengo ffamme* (io ho fame).

Detto ciò, passiamo serenamente alle coniugazioni.

Indicativo PRESENTE*

Ije **àggio** – io ho
Tu **àje (o è)** – tu hai
Isso/essa **àve (o a')** – egli/ella ha
Nuje **avèmmo (o àmma)** – noi abbiamo
Vuje **avìte (o àte)** – voi avete
Lloro **àveno (o ànna)** – essi hanno

*Nota, come indicato nella variante tra parentesi, che il verbo è molto usato, nel linguaggio parlato, nella forma contratta. Es. *Tu è fenùto?* (Tu hai finito?) invece di *Tu aje fenùto?*

*Il **Passato Prossimo** si genera semplicemente aggiungendo alla coniugazione del Presente, la parola "**AVUTO**": es. **ije aggio avuto** (io ho avuto), ecc.*

38

Ind. IMPERFETTO*

Ije **avèvo (o 'evo)** – io avevo
Tu **avìve (o 'ive)** – tu avevi
Isso/essa **avèva (o 'eva)** – egli/ella aveva
Nuje **avèvamo (o 'evemo)** – noi avevamo
Vuje **avìveve** – voi avevate
Lloro **avèvano (o 'evano)** – essi avevano

*Nota che nel napoletano parlato, quasi sempre si usa la forma del verbo contratta (quella indicata tra parentesi).
Es. Nuje già 'evemo magnàto (noi già avevamo mangiato).

Ind. PASSATO REMOTO

Ije **avètte** – Io ebbi
Tu **avìste** – tu avesti
Isso/essa **avètte** – egli/ella ebbe
Nuje **avèttemo** – noi avemmo
Vuje **avìsteve** – voi aveste
Lloro **avètteno** – essi ebbero

Ind. FUTURO*
Ije **avarèggio** – io avrò
Tu **avarràie** – tu avrai
Isso/essa **avarrà** – egli/ella avrà
Nuje **avarràmmo** – noi avremo
Vuje **avarràte** – voi avrete
Lloro **avarrànno** – essi avranno

Nota: Come detto per il verbo essere, anche il Futuro semplice del verbo avere, è quasi scomparso nella parlata moderna. Esso è comunemente sostituito dal Presente indicativo. Il senso del futuro è dato spesso da un avverbio di tempo.

CONGIUNTIVO IMPERFETTO*

Sì ije **avésse** – se io avessi
Sì tu **avìsse** – se tu avessi
Sì isso/essa **avésse** – se egli/ella avesse
Sì nuje **avéssemo** – se noi avessimo
Sì vuje **avésseve** – se voi aveste
Sì lloro **avésseno** – se essi avessero

*Per formare il **Congiuntivo Trapassato** basta semplicemente aggiungere alla coniugazione del Cong. Imperfetto, la parola "AVUTO": es. sì ije **avésse** avuto (se io avessi avuto), ecc.*

CONDIZIONALE PRESENTE*

Ije **avarrìa** – io avrei
Tu **avarrìsse** – tu avresti
Isso/essa **avarrìa** – egli/ella avrebbe
Nuje **avarrìamo** – noi avremmo
Vuje **avarrìsseve** – voi avreste
Lloro **avarrìano** – essi avrebbero

*Per formare il **Condizionale Passato** basta semplicemente aggiungere alla coniugazione del Condizionale Presente, la parola "AVUTO": es. ije **avarrìa** avuto (io avrei avuto), ecc.*

Nota: Come già detto per il verbo essere, anche per il verbo avere, il condizionale presente raramente viene usato nel napoletano parlato, che lo confonde comunemente con il congiuntivo imperfetto.

Es. Sì tènisse 'e sorde, avìsse 'nu sacco 'e fèmmene (Se avessi i soldi, avresti un sacco di donne).

Nota l'uso improprio del congiuntivo **"avìsse"** invece del condizionale **"avarrìa"**, che non si usa più nel napoletano parlato moderno.

Altri tempi

Infinito Presente: avé
Infinito Passato: avé avuto

Participio Passato: avuto

Gerundio Presente: avenno
Gerundio Presente: avenno avuto

IMPORTANTE

In napoletano, lingua molto influenzata dallo spagnolo, molto spesso, il verbo avè (avere) viene sostituito con il verbo tenère.

Nota: Per correttezza, ciò dovrebbe avvenire solo ed esclusivamente quando il verbo assume l'accezione di **"possesso"**.

Es. ije aggio = **ije tengo**
Ije avèvo = **ije tenèvo**
Ije avètte = **ije tenètte**
Ije avèsse = **ije tenèsse**

Ecc.

Esercizi

5. Traduci in napoletano le seguenti frasi...

Io sono Maria =
Io ho fatto la pizza =
Noi siamo di Napoli =
Io ero un bel ragazzo =
Egli era solo =
Se tu fossi onesto =
Se il Napoli avesse Messi, sarebbe molto più forte =

6. Scrivi la parola che manca...

Vedi, ti ho portato fortuna = Vire, t' …….. purtato ciorta
Se avessi i soldi, non sarei qui = Si ……… 'e sorde, nun
sesse 'cca
Quella è una santa donna = Chella ……. 'na santa fèmmena
Noi siamo di Napoli = Nuje ……. 'e Nàpule
Vabbè, hai ragione = Vabbuo', ……. ragiòne
Tu sei mio fratello = Tu ……. fràtemo
Quello è pazzo! = Chillo ….. pazz

Soluzioni

Esercizio 5

Io sono Maria = Ije songo Maria
Io ho fatto la pizza = Ije aggio fatto 'a pizza
Noi siamo di Napoli = Nuje simme 'e Napule
Io ero un bel ragazzo = Ije songo nu' bellu guagliòne
Egli era solo = Isso seva sulo
Se tu fossi onesto = Sì tu fusse onèsto
Se il Napoli avesse Messi, sarebbe molto più forte =
Sì 'o Nàpule tenèsse a Messi*, sèsse assaje chiù forte

*Nota che in quest'ultima frase, in napoletano, diciamo "**a Messi**", anteponendo al complemento oggetto la preposizione "A". Questo fenomeno linguistico dialettale si definisce "**accusativo preposizionale**".

Esercizio 6

Vedi, ti ho portato fortuna = Vire, t' **aggio** purtato ciorta (o furtùna)
Se avessi i soldi, non sarei qui = Si **tenèsse** 'e sorde, nun sesse 'cca
Quella è una santa donna = Chella **è**'na santa fèmmena
Noi siamo di Napoli = Nuje **simme** 'e Nàpule
Vabbè, hai ragione = Vabbuo', **tieni** (o **haje**) raggiòne
Tu sei mio fratello = Tu **sì** fràtemo
Quello è pazzo! = Chillo **è** pazz!

44

I segreti svelati in questo capitolo

. A causa delle influenze della lingua spagnola sul napoletano, nel parlato, il verbo AVE' (AVERE) è sostituito dal verbo TENERE, per esprimere possesso, materiale o metaforico. *Es. Io ho ragione* → *Ije tèngo ragiòne.*

. L'accusativo preposizionale consiste nell'anteporre una A davanti al complemento oggetto. Es. Noi abbiamo Maradona = *Nùje tenìmmo 'a Maradòna.*

. Nel linguaggio parlato, comunemente, il condizionale viene sostituito dal congiuntivo imperfetto. Es. *Sì tenèsse 'e sord, nun sesse 'cca* (se avessi i soli, non sarei qua), invece di: *Sì tenèsse 'e sord, nun sarrìa 'cca.*

. Si consideri che, mentre l'italiano è una lingua e, in quanto tale, ha regole unìvoche, il napoletano è un dialetto e, in quanto tale, può cambiare da posto a posto, con possibili differenze addirittura da quartiere a quartiere. Dunque, non esiste un napoletano ufficiale ma, piuttosto, un napoletano "comune", ossia largamente riconosciuto.

. Come ogni lingua, anche il napoletano è soggetto a fenomeni di obsolescenza linguistica, per cui alcuni modi di dire e alcune forme verbali, nel tempo si sono modificate o sono cadute in disuso. Ad esempio, un'antica canzone recita *"ije te vurrìa vasà* (io ti vorrei baciare) ma nel napoletano moderno diremmo *"ije te vulèsse vasà".*

. Il Futuro semplice, è quasi scomparso nella parlata moderna. Esso è comunemente sostituito dal Presente indicativo. Il senso del futuro è dato spesso da un avverbio di tempo.

5. GLI ALTRI VERBI (Parte I)

Caro amico, concedimi solo un altro capitolo grammaticale e poi spezziamo con qualcosa di più leggero!

Ieri abbiamo parlato dei verbi ausiliari ESSERE E AVERE, con tutte le varie accezioni del caso, oggi, invece, parleremo di tutti gli altri verbi, in **ARE, ERE, IRE.**

Coniughiamo i verbi: **cantàre, vàttere (picchiare/battere)** e **fenìre (finire).**

INDICATIVO PRESENTE

Ije cànto – vàtto – fenèsco
Tu cànte – vàtte – fenìsce
Isso/Essa cànta – vàtte – fenèsce
Nuje cantàmmo – vattìmmo – fenìmmo
Vuje cantàte – vattìte – fenìte
Lloro càntano – vàtteno – fenèsceno

Esempi:
Ije 'te vàtto – Io ti picchio
Cantàmmo 'O Sole Mio – Cantiamo 'O Sole Mio
Speràmmo che 'a fenèsceno – Speriamo che la finiscono

PASSATO PROSSIMO: Si forma coniugando l'ausiliare "avè" con il participio del verbo. Es. *ije aggio fenùto* (ho finito), *tu è fenùto*, ecc.

IND. IMPERFETTO

Ije cantàva – vattèvo – fenèva
Tu cantàve – vattìve – fenìve
Isso/Essa cantàva – vattèva – fenèva
Nuje cantàvemo – vattèvamo – fenèvamo
Vuje cantàveve – vattèveve – fenìveve
Lloro cantàvano – vattèvano – fenèvano

Esempi:
Chillo cantàva tutti 'e journi – Quello cantava tutti i giorni
Sé fenèvano sempe tutte cose – Si finivano sempre tutto.

IND. PASSATO RIMÒTO (REMOTO)

Ije cantàje – vattètte – fenètte
Tu cantàste – vattìste – fenìste
Isso/Essa cantàje – vattètte – fenètte
Nuje cantàjemo – vattèttemo – fenèttemo
Vuje cantàsteve – vattìsteve – fenìsteve
Lloro cantàjeno – vattètteno – fenètteno

Esempi:
Tu l'è cantàto tutte cose – Tu gli hai rivelato tutto (nel linguaggio camorristico, il pentito o il traditore, "canta" nel senso che confessa le cose alla Polizia).
Ciro vattètte 'pa capa 'nterra - Ciro picchiò con la testa a terra.
'O spùsalizio fenètte ambrèsso – Il matrimonio finì presto.

Nota: Al sud, specialmente in Sicilia ma anche nel napoletano abbastanza, **si usa largamente il passato remoto**, molto più che al nord, a volte anche impropriamente.

Es. *Che è fatto dummèneca?* (Che hai fatto domenica?)
Niente, jette 'a magnà a casa 'de mije (Niente, andai a mangiare a casa dei miei).

In italiano, essendo l'episodio accaduto di recente, useremmo il passato prossimo "sono andato" e non il passato remoto "andai".

FUTURO SEMPLICE: Come già detto per i verbi ausiliari, nel napoletano parlato moderno, il futuro è andato in disuso e viene usato il presente indicativo al suo posto.
Esempio: *Dimàne 've canto 'nu piezzo 'e Carosone* (Domani vi canto un pezzo di Carosone). Secondo la forma arcaica si dovrebbe dire *"cantarràggio"* (canterò) ma credimi, nel napoletano parlato, **il futuro non lo usa proprio più nessuno!**

CONGIUNTIVO PRESENTE

Sì ije cànto – vàtto – fenèsco
Sì tu cànte – vàtte – fenìsce
Sì isso/essa cànta – vàtte – fenèsce
Sì nùje cantàmmo – vattìmmo – fenìmmo
Sì vùje cantàte – vattìte – fenìte
Sì llòro càntano – vàtteno – fenèsceno

Esempi:

Sì 'me cànte 'sta canzòne, 'te dòngo 'nu vàso – Se mi cantassi questa canzone, ti darei un bacio.

Sì vattìmmo 'a Juve, vincìmmo 'o scudètto – Se battessimo la Juve, vinceremmo lo scudetto.

Sì nun 'a fenìte prìmm'e mò, 've vàtto a tutte quante! – Se non la finite subito (lett. prima di adesso), vi picchio a tutti quanti.

CONDIZIONALE PRESENTE: Come già detto per i verbi ausiliari, il condizionale presente nel napoletano parlato moderno è sostituito dal congiuntivo imperfetto.

Es. *Sì tu 'me pavàsse sùbbeto, ije 'a fenèsse 'e te ròmpere 'o càzzo!* (Se tu mi pagassi subito, io la finirei di romperti il cazzo!). Come vedi, secondo la grammatica, si dovrebbe usare il condizionale presente *"fenarrìa"* ma, invece, si usa correntemente il congiuntivo imperfetto *"fenèsse"*.

5.1. Un po' di verbi ed esempi

Per arricchire il tuo vocabolario di napoletano, ti elenco un po' di verbi, con relativi esempi. Cercherò di pescare tra modi di dire colorati e pittoreschi (o di slang), per farti *pariàre* (divertire) un po'. Mi scuso a priori se alcune espressioni risulteranno un po' volgari ma **il napoletano che voglio insegnarti è quello parlato dal popolo, per strada, dai ragazzi, dagli scugnizzi**, quindi devi conoscere e apprendere anche le espressioni "più imbarazzanti". Pardon!

Verbi in −are

Menàre (buttare, gettare) − *Mènati 'a 'mmare!* (buttati a mare!); *mèna 'e mmane* (lett. butta le mani; fig. fai presto); Fra', *mèna 'a mazza!* (lett. Fratello, butta la mazza; fig. Fratello, caccia il pisello... scopa...).
Jettàre (gettare) − *È jettàto 'a munnèzza?* (Hai buttato l'immondizia?).
Vottàre (buttare) − *Mammà, vòtta 'a pasta!* (Mamma, butta la pasta!).
Sbariàre (distrarsi) − *Aggia sbarià 'nu poco* (Mi devo distrarre un po').
Pariàre (divertirsi) − *Uà, 'a Ibiza amma parià comme 'e pazzi!* (Wà! A Ibiza ci dobbiamo divertire da matti!).
Sbaniàre (lamentarsi) − *Uà frate', stàje sèmpe a sbanià?* (Wà fratello ti lamenti sempre?); *Ma a vuò feni' 'e sbanià?* (Ma la vuoi finire di lamentarti?).
Maniàre (maneggiare, palpare) − *Oh, ma te l'è maniàta a chella?* (Oh, ma l'hai palpeggiata a quella?). Frase tipicamente teenager alle prime esperienze sessuali...

Ammescàre (mischiare) – *Ammèsca 'nu poco 'e carte* (Mescola un po' le carte).

Faticàre (lavorare) – *Arrepuòsate 'nu poco primma 'e ij a faticà* (Riposati un po' prima di andare a lavorare); *'me sfotto 'e faticà* (mi scoccio di lavorare).

Arrobbàre (rubare) – *Arròbba 'a rrobba 'do rre e nun 'te fa vedè* (Ruba la roba del re e non farti vedere). Antico adagio.

Jocàre (giocare) – *Ije sàccio jucà bbuono 'a pallone* (Io so giocare bene a calcio).

Fàre (fare) – *Càpo, 'me facìte 'na pizza?* (Tipo: Buonuomo/Senta/Scusi/Signore, mi fa una pizza?).
"Capo" è un richiamo tipicamente napoletano, che si usa per chiamare l'attenzione di un estraneo, in genere, commercianti o camerieri.

Ntussecàre (lett. intossicarsi, fig. dispiacersi) – *Uà, stu' Nàpule m'ha ntussecàt popo* (wà, questo Napoli mi ha fatto proprio dispiacere); *Ma mica 'te sì ntussecàto?* (Ma mica ti sei arrabbiato?).

Ngrippàre (lett. grippare, fig. indisporre/fissarsi) – *Uà, chillo m'ha fatto ngrippà popo!* (Wà, quello mi ha fatto proprio indisporre); *Uà, 'o saje, 'me so' ngrippato 'pe chella* (Wà, lo sai, mi sono preso una cotta per quella). *Uà, frate', 'te stàje ngrippànno ncuòllo a mme?* (Wà, fratello, ti stai accanendo/fissando su di me?).

Cagnàre (cambiare) – *Signo', aggia cagnà stu cazòne chè 'me và stritto* (Signora, devo cambiare questo pantalone perché mi sta stretto); *Marò, càgna canale, stù cìnema è fa scennère 'a guàllera!* (Fig. Madonna, cambia canale, questo film è noiosissimo – lett. "fa scendere la wàllera", cioè fa ammosciare le palle...).
Nota che in napoletano "film" si dice "cìnema".

Magnàre (mangiare) – *Che 'te si magnàto 'a mmièzo juòrno?* (Che hai mangiato a pranzo?); *'Me stòngo pòpo 'a magnà 'o càzzo!* (fig. Mi sto proprio mangiando il fegato / Sto proprio rosicando).

Secciàre (portare sfiga) – *Uà 'me stàje secciànno pòpo!* (Wà, mi stai proprio portando sfortuna!); *Marò, sì pòpo 'na sèccia, 'o fràte tuòjo* (Madonna, sei un portasfiga, fratello!).

Rattàre (grattare) – *Ràtta 'nu poco 'e furmaggio* (gratta un po' di formaggio); *Fàmme fà 'na bèlla rattàta 'e pàlle* (Fammi fare una bella grattatina di maroni – nel senso di scongiuro).

Fetàre (puzzare) – *Marò, ma còmme fièti... Ma che sfaccìmma!* (Madonna, ma come puzzi... Ma che diamine! Lett. che sperma).

Zucàre (succhiare) – *Marò, chìllo m'ha zucàto 'o ssangue* (Madonna, quello mi ha succhiato il sangue, fig. mi ha distrutto); *Zùcame 'o pèsce* (Suca!).

Verbi in –ere

Crerère (credere) – *Ije 'te crero* (Io ti credo); *Tu nun 'me vuò crerere* (Tu non mi vuoi credere); *Tu nun 'me crìri chiù* (Tu non mi credi più); *Ije nun crèro chiù a nisciùno* (Io non credo più a nessuno).

Crìscere (crescere) – *Maro', comme sì crisciuto!* (Madonna, come sei cresciuto!); *È crisciùta 'a pàsta 'da pizza?* (è cresciuta la pasta della pizza?).

Vèncere (vincere) – *Aggia venciùto ciento everi 'a carte* (Ho vinto cento euro a carte).

Vènnere (vendere) – *Ma è vennùto chèlla càsa?* (Ma hai venduto quella casa?).

Pògnere/Pùgnere (pungere) – *Azz, m'ha pugnùto 'na vespa!* (Caspita, mi ha punto una vespa!); *Chillo 'se pògne* (lett. Quello si punge, fig. si fa l'eroina).

Còsere (cucire) – *'A zija, 'me può còsere stù buttòne?* (Zia, mi puoi cucire questo bottone?).

Vèvere (bere) – *M'aggia fa 'na bella vìppeta 'e acqua frisca* (Mi devo fare una bella bevuta d'acqua fresca); *Ma che 'te sì vevuto? Stàje 'mbriaco?* (Ma che ti sei bevuto? Sei ubriaco?).

Ròmbere (rompere) – *Uà frà, m'è rùtto popo 'o càzzo!* (Wà fratello, mi hai proprio rotto il cacchio).

Nota: Il verbo "**DOVERE**" in napoletano è piuttosto particolare. Per esempio, la frase "ti devo fare un culo così…" si traduce con *"t'aggia fà 'nu mazzo accussì…"*.

Coniughiamolo all'Indicativo Presente:

Io devo – *Ije aggià*
Tu devi – *Tu è*
Egli/ella deve – *Isso/essa à*
Noi dobbiamo – *Nùje avìmmo*
Voi dovete – *Vùje avìte*
Essi devono – *Llòro ànna*

Nota: Come vedi, **il verbo dovere in napoletano si traduce con il verbo avere.**

Esercizi

7. Traduci in napoletano le seguenti frasi...

Il matrimonio finì presto =
Che hai fatto domenica? =
Hai buttato la spazzatura? =
Mamma, butta la pasta! =
Scusi, può cambiare canale? =
Tu non mi vuoi credere... =
Abbiamo vinto lo scudetto! =
Mi hai rotto il cazzo! =

8. Scrivi la parola che manca...

Non ti posso credere = Nun 'te pozzo ......
È finita la benzina = S'è .... 'a benzina
Mi sono dimenticato i soldi = ... scurdato 'e sordi
Se ti bevi il vino, ti ubriachi = Si .... 'o vino, 'te ....
Quando viene quello stronzo? = Quanno ... chillo strunz?
Ti devo fare un culo così! = ... fa 'nu culo accussì!

Soluzioni

Esercizio 7

Il matrimonio finì presto = 'O spusalìzio fennètte ambrèsso
Che hai fatto domenica? = Che è fatto dummèneca?
Hai buttato la spazzatura? = È jettato 'a munnèzza?
Mamma, butta la pasta! = Mammà, votta 'a pasta!
Scusi, può cambiare canale? = Scusate, putìte cagnà canale?*
Tu non mi vuoi credere… = Tu nun 'me vuò crèrere
Abbiamo vinto lo scudetto! = Amma venciùto 'o scudetto!
Mi hai rotto il cazzo! = M'è rutto 'o cazzo!

Nota che in napoletano non si usa il LEI ma sempre il VOI.

Esercizio 8

Non ti posso credere = Nun 'te pozzo crèrere
È finita la benzina = S'è fennùta 'a benzina
Mi sono dimenticato i soldi = 'Me so' scurdàto 'e sordi
Se ti bevi il vino, ti ubriachi = Si 'te bive 'o vino, 'te 'mbriàchi
Quando viene quello stronzo? = Quanno vène chillu strunz?
Ti devo fare un culo così! = T'aggia fa 'nu culo accussì!

I segreti svelati in questo capitolo

. Il verbo dovere in napoletano si traduce con il verbo avere. Es. Io devo fare – *Ije aggià fa'*.

. Il condizionale presente nel napoletano parlato moderno è sostituito dal congiuntivo imperfetto.
Es. *Sì tu 'me pavàsse sùbbeto, ije 'a fenèsse 'e te ròmpere 'o càzzo!* (Se tu mi pagassi subito, io la finirei di romperti il cazzo!). Come vedi, secondo la grammatica, si dovrebbe usare il condizionale presente *"fenarrìa"* ma, invece, si usa correntemente il congiuntivo imperfetto *"fenèsse"*.

. Nel napoletano parlato moderno, il futuro è andato in disuso e viene usato il presente indicativo al suo posto.
Esempio: *Dimàne 've canto 'nu piezzo 'e Carosone* (Domani vi canto un pezzo di Carosone). Secondo la forma arcaica si dovrebbe dire *"cantarràggio"* (canterò).

. Nel napoletano si usa largamente il passato remoto, a volte anche impropriamente.
Es. *Che è fatto dummèneca?* (Che hai fatto domenica?)
Niente, jette 'a magnà a casa 'de mije (Niente, andai a mangiare a casa dei miei).

. In napoletano non si usa il LEI ma sempre il VOI.

6. GLI ALTRI VERBI (Parte II)

In questo capitolo, come il precedente dedicato ai verbi napoletani, voglio che il tuo lessico possa arricchirsi il più possibile, quindi, ti propongo un lungo elenco di verbi con i relativi significati in italiano. Non ti chiedo di memorizzarli tutti ma cerca, comunque, di fare uno sforzo per ricordarne il più possibile.

Verbi con la A

Abballàre (pron. abballà): Ballare - Saltellare - fig. "far abballà" Far tremare, mettere paura.

Abbasàrsi: Basarsi, fare affidamento su qualcosa o qualcuno - "abbasato" Persona basata, quadra, saggia.

Abbitàre (pron. abbità): Avvitare - "abbitàto" Avvitato.

Abbruciàre (pron. abbrucià): Bruciare - Ardere - fig. "s'è abbruciàta 'a salza" Si è arso il sugo.

Abbuccàre (pron. abbuccà): Abboccare - Buttare giù (es. i birilli), mettere o posare a terra - fig. "vino abbuccàto" Vino andato a male (sboccato) - fig. " mo' m'abbocco 'nu poco " Adesso mi riposo un pò.

Abbuffàre (pron. abbuffà): Gonfiare (es. un pallone) - Far mangiare in gran quantità - "Abbuffarsi" Rimpinzarsi, saziarsi - fig. "m' 'e abbuffato 'a guàllera" Mi hai gonfiato l'ernia (per le troppe chiacchiere).

Abbuscàre (pron. abbuscà): Prendere botte, essere picchiato - "mo' si nun 'a fernisci abbuschi" Adesso se non la smetti le prendi.

Acalàre (pron. acalà): Calare (es. la pasta) - Abbassare - " acalato " Abbassato, accovacciato - "acalarsi" abbassarsi, chinarsi.

Accalimmàre (pron. accalimmà): Riscaldare l' ambiente - "accalimmato" Riscaldato - ("calìmma" sinonimo di calore).

Accapputtàre (pron. accapputtà): Capovolgere - "accapputtato" Capovolto - "accapputtarsi" finire sotto-sopra.

Accasàrsi: Mettere su famiglia - Prendere moglie o marito - "accasato" Sposato - fig. Persona serena, tranquilla.

Accattàre (pron. accattà): Acquistare, comprare - "me so' accattato 'e mucciarielli" Mi sono comprato i fiammiferi.

Acchiappàre (pron. acchiappà): Prendere - Afferrare - "aggio faticato e nun aggio acchiàppato 'na lira" Ho lavorato senza prendere un euro.

Accìdere: Uccidere - Ammazzare - "hann' acciso l'ommo ragno" hanno ucciso l'uomo ragno.

Accimmàre (pron. accimmà): Staccare le cime dalle piantine di ortaggi - fig. "accimmàto" Con un diavolo per capello - "accimmarsi" Ingrugnirsi, innervosirsi.

Accocchiàre (pron. accocchià): Unire, mettere insieme due o più cose o persone - "n' accocchiàta 'e fetiènti" Un insieme di delinquenti.

Accumenciàre (pron. accumencià): Cominciare - Incominciare - Iniziare - "sta accuminciànno 'o cinema" Sta iniziando il film.

Accummigliàre (pron. accummiglià): Coprire - Mettere il coperchio "cummuoglio" - "accummigliàto o cummigliàto" Coperto, riparato - "accommuogliàte bbuòno ca fa friddo" Copriti bene che fa freddo.

Accumpagnàre (pron. accumpagnà): Accompagnare.

Accumparìre (pron. accumparì): Comparire - "accumpàrso" Comparso.

Accunciàre (pron. accuncià): Aggiustare - Accomodare - "accuònce" Acconcio.

Acquattàre (pron. acquattà): Nascondere - Celare - "jucàmmo 'a 'cquattarèlla" Giochiamo a nascondino.

Acqujetàre (pron. acqujetà): Acquietare - Placare - Calmare - "statte qujeto" Stai calmo.

Adderizzàre (pron. adderizzà): Raddrizzare - fig. educare - "adderizzate tubbo!" Raddrizzati tubo!

Addeventàre (pron. addeventà): Diventare - "addevènto pazzo" Impazzisco.

Addubbecàrsi: Appisolarsi - " addubbecàto " Addormentato - fig. "aggio addubbecàto 'a panza" Ho calmato la fame.

Addumannàre (pron. addumannà): Domandare - Chiedere - "addumànno scusa" Chiedo venia.

Addunàrsi: Accorgersi - Scorgere, prendere visione - "addunàto" Accorto - "si me n'addono so' mazzàte" Se me ne accorgo sono botte.

Addunucchiàrsi: Inginocchiarsi - "addunucchiàto" Inginocchiato - "addunùcchiati" Inginocchiati.

Adduràre (pron. addurà): Odorare - "addòre" Odore - " adduràto " Odorato.

Affetàre (pron. affetà): Rendere maleodorante ("fièto" sinonimo di puzza) - fig. "Affetàrsi" innervosirsi.

Aggarbàre (pron. aggarbà): Aggiustare, accomodare - Accontentare - "aggarbàto" Garbato.

Aizàre (pron. aizà): Alzare - Sollevare - "aizàto" Lo stare in piedi - "Aizàrsi" mettersi in piedi.

Allentàre (pron. allentà): Annoiare - Tediare - "allentàto" Scocciato.

Alliccàre (pron. alliccà): Leccare. - fig. "alliccato" Pulito e lucido (come il gatto)

Alliggerìre (pron. alliggerì): Digerire - fig. Sopportare un fastidio o una persona noiosa/antipatica.

Allimmàre (pron. allimmà): Limare - "allimmàto" Liscio, senza asperità.

Alluccàre (pron. alluccà): Gridare - Sgridare - " alluccàto " Sgridato.

Allummàre (pron. allummà): Illuminare, fare luce - "allummàto" Illuminato.

Alluntanàre (pron. alluntanà): Allontanare - Distanziare - "alluntanàto" Mandato via.

Ammenestàre (pron. ammenestà): Girare e rigirare come si fa con la minestra.

Ammescàre (pron. ammescà): Infettare, trasmettere (pidocchi, febbre, raffreddore, ecc. o anche gioia, buonumore) - "ammescàto" Infettato.

Ammesuràre (pron. ammesurà): Misurare - "ammesuràto" Misurato - " dottò ammesuràteme 'a pressione " Dottore mi misuri la pressione.

Ammiscàre (pron. ammiscà): Mescolare (es. le carte da gioco) - Mischiare - " 'nu poco 'e robba ammiscata" Un pò di roba mista.

Ammoccàre (pron. ammoccà): Ingoiare. Abboccare, mettere in bocca, fig cadere nel tranello - Credere a tutto ciò che viene detto "ammuccà 'e pulpètte". Nello slang giovanile ha assunto il significato di "baciarsi con la lingua".

Ammunnàre (pron. ammunnà): Sbucciare - Pulire l'esterno di un frutto - "ammunnàto" Sbucciato.

Ammusciàre (pron. ammuscià): Annoiare - Ammollire - Sgonfiare - "ammusciàto - mùscio" Mogio, tediato - sgonfio.

Anatàre (pron. anatà): Nuotare - " je anàto " Io nuoto.

Anduvinàre (pron. anduvinà): Indovinare - "anduvinàto o 'nduvinàto" Indovinato - Riuscito.

Annacquàre (pron. annacquà): Innaffiare - Aggiungere acqua es. al vino - "annacquàto" Allungato con acqua.

Annammuràrsi: Innamorarsi.

Annuccàre (pron. annuccà): Fare o mettere dei fiocchi (nnocche) - "annuccàto" Infiocchettato.

Annuzzàre (pron. annuzzà): Soffocare - Fig. Interruzione di un evento "Annuzzàto 'nganno" nel senso che si è fermato alla gola".

Appicciàre (pron. appiccià): Accendere - Incendiare - "appicciàto" Acceso.

Appiccecàrsi: Litigare - Bisticciare - "appìcceco" Lite o litigio - "appiccecàto" litigato.

Appilàre (pron. appilà): Otturare - tappare "appilàto" turato - ostruito.

Appizzàre (pron. appizzà): Appuntare - Mettersi di guardia, stare in campana - Rimetterci - "appizzàto" Dritto e fermo, di guardia.

Appriparàre (pron. appriparà): Preparare - "appriparato" Preparato.

Appulizzàre (pron. appulizzà): Pulire - "appulizzàte 'e pière" Pulisciti le scarpe.

Arapìre (pron. arapì): Aprire - "apièrto" Aperto.

Arracquàre (pron. arracquà): Innaffiare, mettere acqua - "arracquàto" Innaffiato.

Arraggiàrsi: Arrabbiarsi - Adirarsi - "arraggiàto" Arrabbiato.

Arraggiunàre (pron. arraggiunà): Ragionare - "raggiunamènto" Ragionamento.

Arrangiàre (pron. arrangià): Andare avanti, tirare a campare con quel che si ha a disposizione - "Arrangiarsi" Accontentarsi.

Arravugliàre (pron. arravuglià): Avvolgere - "arravugliàto" Avvolto fig. Ingannato, raggirato.

Arrecettàre (pron. arrecettà): Rassettare, pulire.

Arrecriàre (pron. arrecrià): Rallegrare, far felice - fig. "m' aggio arrecriàto 'a panza" Ho fatto felice lo stomaco (mangiando qualcosa di buono).

Arrecuzzàre (pron. arrecuzzà): Raccogliere cose sparpagliate.

Arrepassàre (pron. arrepassà): Prendere in giro - Sfottere - Canzonare.

Arrepezzàre (pron. arrepezzà): Rattoppare, mettere la toppa (pezza) - "arrepezzàto" fig. Aggiustato alla meglio maniera.

Arrepusàre (pron. arrepusà): Riposare - "arrepusàto" Riposato.

Arresecàre (pron. arresecà): Rischiare.

Arrevotàre (pron. arrevotà): Rivoltare, mettere sotto/sopra - Scompigliare - Far "casino" - "arrevotàto" Messo sotto/sopra - "arrevuòto" Colui che mette scompiglio.

Arricamàre (pron. arricamà): Ricamare - "arricamàto" Ricamato, lavorato di fino.

Arricettàre (pron. arricettà): Pulire - Mettere ordine - "nun truvà arriciètto" Non riuscire a sistemare le proprie cose.

Arricurdàre (pron. arricurdà): Ricordare, tornare alla mente - "arricuòrdate 'e me" Ricordati di me.

Arrizzàre (pron. arrizzà): Eccitarsi - Drizzare - "arrizzàto" eccitato.

Arrubbàre (pron. arrubbà): Rubare - "arrubbàto" Rubato - "mariuòlo" Colui che "arròbba".

Arrucchiàre (pron. arrucchià): Raccogliere e unire (es. una "rocchia" di funghi) - "arrucchiàto" Unito.

Arrunzàre (pron. arrunzà): Lavorare senza accortezza, in fretta - Trattare qualcuno con modi sgarbati - "arrunzàto" L'essere trattato male.

Arruscàre (pron. arruscà): Abbrustolire - "Pane arruscàto" bruschetta.

Ascìre (pron. ascì): Uscire - "ascìto" Uscito, andato via.

Asciuttàre (pron. asciuttà): Asciugare - "asciuttàto" Asciugato.

Assummàre (pron. assummà): Emergere, venire a galla - "assummàto" Emerso.

Assettàrsi: Sedersi - "assettato" Stare seduto - " assettate 'ncoppo 'a seggia " Siediti sulla sedia.

Astipàre (pron. astipà): Conservare, mettere da parte - "astipato" Conservato, messo da parte.

Astrègnere (pron. astrègnere): Stringere - "astrignùto" Stretto.

Attenère (pron. attenè): Ottenere - "attenuto" Ottenuto.

Attènnere (pron. attènnere): Attendere - Aspettare - "attennuto" atteso - " attiènne ca mo' vengo " Attendi che adesso arrivo.

Atterràre (pron. atterrà): Sotterrare - "atterrato" Sotterrato.

Aunàre (pron. aunà): Raccogliere uno per volta.

Avantàre (pron. avantà): Vantare.

Avasciàre (pron. avascià): Abbassare - "avasciato" Abbassato - " vascio " basso.

Avutàre (pron. avutà): Girare - Roteare - Voltare - (anche Votare) - "avutàto" Girato, voltato - Votato - " vuto " Voto.

Azzeccàre (pron. azzeccà): Incollare - Attaccare - Indovinare - "azzeccàto" Incollato - Indovinato.

Azzuppàre (pron. azzuppà): Intingere, inzuppare (es. le fette di pane nel latte) - Far male ad una gamba causando zoppicamento - fig. Guadagnare - "azzuppàto" Reso zoppo.

Verbi con la B

Benedìcere: Benedire - "benedìtto" Benedetto.

Buscàre (pron. buscà): Guadagnare - Prendersi "buscarsi" del denaro, un regalo oppure un raffreddore - "buscàto" Avuto in regalo.

Verbi con la C

Cacàre (pron. cacà): Cagare, emettere feci.

Cacciàre (pron. caccià): Cacciare - Estrarre - Ficcare - Andare a caccia.

Cagnàre (pron. cagnà): Cambiare - Scambiare - "cagnàto" cambiato.

Cammenàre (pron. cammenà): Camminare.

Campàre (pron. campà): Vivere.

Capàre (pron. capà): Selezionare - Scegliere.

Capìre (pron. capì): Capire - Intendere.

Capuzziàre (pron. capuzzià): (capuzziamiènto) Movimento incontrollato del capo che si abbassa e si rialza per un leggero attacco di sonno.

Chiàgnere: Piangere - Lacrimare.

Chiammàre (pron. chiammà): Chiamare.

Chiàre (pron. chià): Piegare - Arcuare - "chiàto" piegato.

Chiavàre (pron. chiavà): Mettere la chiave nella serratura - "chiavàto" Aperto con la chiave - fig. Atto amoroso.

Chiòvere: Piovere.

Ciaccàre (pron. ciaccà): Ferire alla testa - "si nun 'a fernìsci te ciàcco" Se non la smetti ti rompo la testa.

Còcere: Cuocere - "cuòtto" cotto.

Cofecchiàre (pron. cofecchià): Amoreggiare - (fare le "cofècchie") Flertare.

Còsere: Cucire - "cusùto" cucito.

Cuffiàre (pron. cuffià): Sfottere, prendere in giro - "cuffiàto" sfottuto.

Culuràre (pron. culurà): Colorare - Dipingere - "culuràto" colorato.

Cummannàre (pron. cummannà): Comandare - "cummannàto" comandato.

Cumparìre (pron. cumparì): Comparire - Apparire - "cumparìto" comparso - fig. Far bella figura (es. vestire bene)..

Cunciàre (pron. cuncià): Condire - ('O ppane cunciàto) Pane condito con un filo d'olio.

Cundannàre (pron. cundannà): Condannare.

Cunòscere: Conoscere - Sapere - "cunusciùto" Conosciuto, noto.

Cunzulàre (pron. cunzulà): Consolare - "cunzulàto" Consolato.

Cunzumàre (pron. cunzumà): Consumare - "cunzumàto" Consumato.

Verbi con la D (che si legge anche R)

Dìcere: Dire - Parlare - " ditto " Detto.

Difènnere: Difendere - " difennùto " Difeso.

Dipènnere: Dipendere.

Durmìre:(pron. durmì): Dormire - " addurmùto " Addormentato.

Verbi con la E

Esserci capùto: Riuscito ad entrare.

Essere curto e male 'ncavàto: Essere intelligente.

Essere ddoje facce: Essere bugiardo.

Essere 'e natu munno: Essere diverso.

Essere frate cucìno: Essere cugino.

Essere 'mpiso 'nganno: Essere malvisto.

Essere 'na lenza: Essere perspicace.

Essere (stare) 'nguaiàto: Essere nei guai.

Essere 'nu pòveru Cristo: Essere un poveruomo.

Essere 'nu malacàrne: Non sentire dolore, non avere scrupoli, senza sentimenti.

Essere 'o masto 'e festa: Essere il Capo.

Verbi con la F

Fare (pron. fà): Fare - Agire.

Fare fetècchia: Fallire, andare a vuoto.

Faticàre (pron. faticà): Faticare - Lavorare.

Favellàre (pron. favellà): Parlare.

Favurìre (pron. favurì): Favorire - "favurìte" Favorite (invito a partecipare ad un' azione).

Fernìre (pron. fernì): Finire - Ultimare - Smetterla - "fernùto" Finito, ultimato.

Fessiàre (pron. fessià): Ingannare, fare fesso, prendere per i fondelli - "fessiàto" Ingannato.

Fissiàre (pron. fissià): Avere uno scopo preponderante, una fissa - "fissiàto" Fissato - "fissiàrsi" Impuntarsi - Altezzarsi.

Fòttere: Fare l' amore - Fregare, imbrogliare - "futtùto" Imbrogliato - "fottersi" Farsi del male, recarsi un danno.

Fravecàre (pron. fravecà): L' edificare del muratore "fravecatòre".

Frezziàre (pron. frezzià): Irrorare con acqua, a spruzzo - "frezziàto" Bagnato - Nel gergo malavitoso Sparare a qualcuno (non certo con pistola ad acqua).

Friccicàre (pron. friccicà): Fare il solletico "o anche il solletico stesso "frìccico" - fig. Stuzzicare.

Frìere: Friggere - " friùto " Fritto - " frìeme 'sto pesce "Friggimi questo pesce - fig."me frìa 'o naso" Mi prude il naso.

Frinàre (pron. frinà): Frenare - Fermarsi.

Fuíre (pron. fuì): Fuggire correndo - Scappare - "fuìto" Fuggito.

Verbi con la G

Gialliàre (pron. giallià): Mostrare i segni di una malattia di fegato - fig. "gialliàto" Diventato giallo dalla paura o da uno spavento.

Giuìre (pron. giuì): Gioire.

Gnavulàre (pron. gnavulà): Miagolare.

Gnuràre (pron. gnurà): Ignorare - "gnurànte" Ignorante.

Guardàre (pron. guardà): Guardare - Vedere.

Gudère (pron. gudè): Godere.

Verbi con la I

Inciuciàre (pron. 'nciucià): Civettare - Parlar male di qualcuno - " 'nciùcio " inciucio, civetteria.

Indirizzàre (pron. 'ndirizzà): Indirizzare - Inviare.

Infracetàre (pron. 'nfracetà): Marcire - " fràceto " Marcio.

Inchiaccàre (pron. 'nchiaccà): Sporcare - Macchiare - fig. " 'nchiaccato " Persona senza valori morali.

Inchiavecàre (pron. 'nchiavecà): Sporcare - Macchiare - fig. " chiàveco " Persona senza valori morali.

Incruciàre (pron. 'ncrucià): Incrociare - Incontrare.

Ingarràre (pron. 'ngarrà): Indovinare - Riuscire, fare la cosa giusta.

Inguacchiàre (pron. 'nguacchià): Sporcare - Macchiare - fig. " 'nguacchiàto" Persona senza valori morali.

Inzapunàre (pron. 'nzapunà): Insaponare - fig. Fare schiuma, coprire difetti o magagne.

Verbi con la J

Janchiàre (pron. janchià): Biancheggiare - Pitturare - fig. "Catiello è janchiàto d' 'a paura" Catello è diventato bianco dallo spavento.

Jastemmàre (pron. jastemmà): Bestemmiare - ("mannàggia 'a misèria" Classica bestemmia napoletana).

Jucàre (pron. jucà): Giocare - Scherzare - "staje jucanno c' 'o ffuòco" stai scherzando col fuoco.

Jèscere (pron. ascì): Uscire - "è asciùto pazzo 'o patròne" È uscito pazzo (impazzito) il padrone.

Jèssere: Essere.

Jìre (pron. jì): Andare - " jùto " andato - " jì chiàno / jì 'e pressa " Andare piano / Andare di fretta.

Jittàre (pron. jittà): Buttare - Lanciare - " jittàto " Buttato.

Verbi con la L

Lacremàre (pron. lacremà): Lacrimare.

Lammiccàre (pron. lammiccà): Lambiccare - fig. (lammiccàto) Vino fatto filtrare lentamente..

74

Lassàre (pron. lassà): Lasciare, abbandonare - " 'o lassàto è perdùto" Il lasciato è perso.

Luccicàre (pron. luccicà): Luccicare - Risplendere - "ll' oro 'e Bologna, 'a matìna lùccica e 'a sera sbruvògna" L'oro di Bologna, di mattina luccica e di sera sconfessa.

Verbi con la M

Magliucàre (pron. magliucà): Inghiottire, mangiare senza masticare - " magliucàto " Inghiottito.

Magnàre (pron. magnà): Mangiare.

Malauràre (pron. malaurà): Maledire - Augurare cose brutte - "malaùrio " Cattivo augurio.

Maniàre (pron. manià): Maneggiare, toccare con mano - " maniàto " Toccato con mano - Palpato.

Menàre (pron. menà): Buttare - Lanciare - "menare le mani" Picchiare; ma anche incitazione a sbrigarsi, fare in fretta.

'Mmiràre (pron. mmirà): Guardare - Vedere - Atto di guardarsi allo specchio - " mmiràto " Ammirato.

'Mmiriàre (pron. mmirià): Invidiare - "mmiriàto" Invidiato - "mìria e màje pietà" Meglio essere invidiati che suscitare pietà.

Muzzecàre (pron. muzzecà): Morsicare - Mordere - " muzzecàto " Morsicato, addentato - "te dongo 'nu muòzzeco" Ti dò un morso.

'Mpacciàrsi: Impicciarsi (dei fatti altrui) - "nun t' 'e 'mpaccià"
Non impicciarti.

'Mpastucchiàre (pron. 'mpastucchià): Impastare -
Impiastricciare - " 'E fatto 'nu 'mpastucchiamiènto" Hai fatto
una cosa che non si capisce.

'Mpennàre: Impennare - "ha 'mpennàto 'o mèzzo" Ha
impennato la moto. (impennare, alzare la ruota anteriore).

'Mpennère: Appendere - "te tengo 'mpiso 'nganno" Ti porto
appeso alla gola.

Munnàre (pron. munnà): Sbucciare la frutta - " munnàto o
ammunnàto " sbucciato.

Murmuliàre (pron. murmulià): Mormorare - Civettare -
"murmulièro" Civettuolo, colui che mormora .

Musichiàre (pron. musichià): Brontolare.

Verbi con la N

'Ncazzàrsi: Adirarsi - Arrabbiarsi - " stà 'ncazzàto " È
arrabbiato.

'Nduinàre (pron. 'nduinà): Indovinare - " 'o 'nduìno " L'
indovino, il mago .

'Nduràre (pron. 'ndurà): Indorare - Rosolare - " 'nduràto e
fritto " fritto dorato.

'Nfacciàrsi: Intromettersi, immischiarsi, mettere il naso.

'Nfònnere: Bagnare - " 'nfùso" Bagnato - ll'acqua 'nfonne" L' acqua bagna.

'Nfucàre (pron. 'nfucà): Infuocare - "stongo tutto 'nfucàto" Son tutto un fuoco.

'Ngarbugliàre (pron. 'ngarbuglià): Ingarbugliare.

'Ngrifàrsi (pron. 'ngrifà): Eccitarsi (per lo più sessualmente) - " 'ngrifato " Eccitato.

'Nguaiàre (pron. 'nguaià): Inguaiare - Rovinare - " 'nguaiàto" Che è nei guai.

'Nnammuràrsi: Innamorarsi - "nnammuràto" Innamorato.

'Ntaliàre (pron. 'ntalià): Perdere tempo - Tergiversare - "jì 'ntaliànno p' 'a via" Andare a zonzo per strada.

'Ntènnere: Intendere - Capire - Sentire " 'ntiso" Inteso - Sentito.

'Ntricàrsi: Intromettersi - Impicciarsi.

'Ntroppecàre (pron. 'ntroppecà): Inciampare, mettere un piede in fallo - " 'ntruppecùso" Non liscio, pieno di asperità.

'Ntufàre (pron. 'ntufà): Sobillare - Aizzare - "staje 'ntufàto" Sei pieno di rabbia.

'Nturzàre (pron. 'nturzà): Gonfiare - Ingrandire - Inturgidire - " 'nturzàto" Gonfio, pieno - fig. " 'nturzà 'e palle " Annoiare, dare fastidio.

'Ntussecàre (pron. 'ntuseccà): Intossicare - Amareggiare, far innervosire - - " 'ntussecàto " Amareggiato "'ntuòsseco" Amarezza.

'Ntustàre (pron. 'ntustà): Rendere duro - " 'ntustàto " Indurito - " 'nu tuòsto e 'nu muscio Uno duro e uno molle.

'Nzerràre (pron. 'nzerrà): Chiudere la porta, il cancello ecc. - " 'nzerràto " chiuso - "e 'nzèrra 'sta porta! E chiudila questa porta!

'Nzevàre (pron. 'nzevà): Sporcare - " 'nzevàto" Unto - fig. persona di bassa levatura morale.

'Nzeppàre (pron. 'nzeppà): Mettere la zeppa - " 'nzeppàto" Bloccato con una zeppa.

'Nzippàre (pron. 'nzippà): Infilzare - "m' aggio 'nzippàto cu"o chiuòvo" Mi sono infilzato col chiodo.

'Nzìstere: Insistere - fig. " 'nzìsto" intelligente, sveglio.

'Nzoculiàre (pron. 'nzoculià): Dondolare - fig. (Sei andato " 'nzòcola 'nzòcola ") Sei stato fortunato..

'Nzorfàre (pron. 'nzorfà): Mettere zizzania - Mettere la pulce nell'orecchio (buttare zolfo sul fuoco).

'Nzumàre (pron. 'nzumà): Scroccare - Chiedere una sigaretta, ecc.

'Nzuràre (pron. 'nzurà): Prendere moglie o marito - " 'nzuràrsi" Sposarsi - " 'nzuràto " Sposato.

Verbi con la P

Paccheriàre (pron. paccherià): Schiaffeggiare (" pàcchero " sinonimo di schiaffo. Ma indica anche un tipo di pasta).

Pariàre (pron. parià): Digerire - " pariàto " Digerito. Nello slang giovanile, "pariàre" ha assunto il significato di "divertirsi".

Pasciàre (pron. pascià): Pascolare - " vaco a pascià 'e ppècore "Vado a pascolare le pecore.

Pastenàre (pron. pastenà): Seminare - "pastenàto" Seminato - "pastenatùro" Utensile per la semina.

Pavàre (pron. pavà): Pagare - "pavàto" Pagato.

Pazziàre (pron. pazzià): Giocare - "pazziàto" Giocato.

Penzàre (pron. penzà): Pensare - "piènzece buòno" Pensaci bene.

Perciàre (pron. percià): Bucare - Forare - "perciàto, sperciàto" Bucato, sbucato.

Peretàre (pron. peretà): Emettere un peto (scorreggia) - " speretìo " Insieme di peti.

Picciàre (pron. piccià): Piagnucolare - Lamentarsi - " pìccio " Piagnucolio.

Pigliàre (pron. piglià): Prendere - Afferrare - " piglio " Appiglio - "m' aggio pigliàto còllera" Mi sono offeso.

Pisciàre (pron. piscià): Urinare, fare pipi.

Pissiàre (pron. pissià): Attirare l' attenzione (specialmente di una donna) emettendo: Pss. pss. - " se pissèa " Si fruscia.

Pizzecàre (pron. pizzecà): Dare pizzicotti - fig. "pizzecàto" Preso sul fatto. Oppure: Scegliere una carta da gioco dal mazzo.

Pògnere: Pungere - "pugnùto" punto - "appugnùto" Appuntito.

Priàre (pron. prià): Pregare - Implorare - "prea 'o muòrte e fotte 'o vivo" Prega il morto e imbroglia il vivo.

Pròrere: Prudere - "me prore" Mi prude.

Prumèttere: Promettere - " 'na prumèssa è dièbbeto " Una promessa è debito.

Pruvàre (pron. pruvà): Provare - Avere sensazione - "provo famma" Ho fame.

Pulezzàre (pron. pulezzà): Pulire - Ripulire - "pulezzàto" pulito - "appulizzastevàle" Lustrascarpe.

Verbi con la R

Raccummànnare (pron. raccummannà): Raccomandare - "raccumannàto" Raccomandato.

Raccuntàre (pron. raccuntà): Raccontare - " 'o cunto" Il racconto o il conto spese.

Radducìre (pron. radducì): Addolcire - " radducìto " Addolcito.

Rarecàre (pron. rarecà): Radicare, mettere radici - "rarecàto" Radicato - ("ràreca" Radice).

Rattàre (pron. rattà): Grattare - Levigare - "rattàto" Grattato - fig. "fà 'a ratta" Fare la cresta sulla spesa - "rattàta" Grattata, gesto scaramantico - "rattùso" Persona con turbe sessuali.

Recetàre (pron. recetà): Recitare.

Refònnere: Rifondere - "refuso" Rifuso.

Refrescàre (pron. refrescà): Rinfrescare, dare sollievo.

Restetuìre (pron. restetuì): Restituire, rendere.

Revotàre (pron. revotà): Rivoltare - "revutàto o arrevutàto" Rivoltato.

Rimmanère (pron. rimmanè): Rimanere - Restare - "rimmàsto" Rimasto.

Rispònnere: Rispondere - "rispunnùto" Risposto - "rispùnne, scè!" Rispondi, scemo!.

Ruciuliàre (pron. ruciulià): Ritolare - " fatti 'na ruciuliàta " Rotolati per terra.

Runfàre (pron. runfà): Ronfare - Russare.

Rusecàre (pron. rusecà): Rosicchiare - "rusecàto" Rosicchiato.

Verbi con la S

Sàgliere (pron. saglì): Salire - "sagliùto" Salito - fig. "m'è sagliùta 'a salzètta" Mi è aumentato il nervosismo.

Sammenàre (pron. sammenà): Esaminare - "sammenàto" Esaminato.

Sbutecàre (pron. sbutecà): Inciampare - Cadere malamente - "aggio sbutecàto" Ho inciampato.

Sbruvugnàre (pron. sbruvugnà): Sconfessare/confessare - "sbruvugnàto" Sconfessato.

Scagnàre (pron. scagnà): Scambiare - Scolorire - " scagnàto " Scambiato - Scolorito.

Scamazzàre (pron. scamazzà): Schiacciare con i piedi - fig. "te scamàzzo" Ti schiaccio.

Scampàre (pron. scampà): Scansare fortuitamente un pericolo.

Scannàre (pron. scannà): Sgozzare - fig. Il bottegaio mi ha "scannàto" mi ha fatto pagare moltissimo .

Scardàre (pron. scardà): Scheggiare - "scardàto o scarduliàto" Scheggiato - fig. "scardùso" Avaro - Tirchio.

Scarfàre (pron. scarfà): Scaldare - Riscaldare - "scarfàto" Scaldato.

Scarpesàre (pron. scarpesà): Calpestare - "scarpesàto" Calpestato.

Scartàre (pron. scartà): Scartare - Togliere la confezione ad un regalo - Nelle scelte, eliminare le cose difettose - "scartàto" Eliminato - Dribblato nel gioco del calcio.

Scassàre (pron. scassà): Rompere, distruggere - "m' 'e scassàto 'o sciamàrro" Mi hai rotto il piccone (mi hai rotto....).

Sceriàre (pron. scerià): Strofinare - Pulire strofinando, rendendo lucido (una pentola di rame, un piatto ecc.) - " aggio sceriàto 'a caccavèlla" Ho strofinato la pentola.

Scetàre (pron. scetà): Svegliàre, destàre - "stongo scetàto" Sto sveglio - "scetàte 'a 'sto suònno Carulì!" Destati da questo sogno Carolina!

Sciaceàrsi: Provare piacere, essere felice - "isso se sciacèa" Lui mostra la sua felicità.

Sciarriàre (pron. sciarrià): Litigare - " sciarriàto " Lo stare litigato - " stammo sciàrre " Stiamo litigati.

Scialàre (pron. scialà): Dare o regalare con facilità - Spendere senza inibizione comprando per lo più cose inutili, per il solo gusto di farlo - " sciàlo " Spreco - " scialòne " Sprecone, colui che spreca.

Sciosciàre (pron. scioscià): Soffiare - "sciosciàto Soffiato - fig. " 'o sciosciammòcca" Letteralmente: Che si fa soffiare in bocca. Credulone all'eccesso.

Scippàre (pron. scippà): Strappare - Graffiare - "scippachiuòve" (strappachiodi) Piede di porco - "scippo" Furto con destrezza, oppure: graffio o ancora: scritta illeggibile.

Sciriàre (pron. scirià): Strofinare - Lustrare - Grattare (rattà).

Sciuliàre (pron. sciulià): Scivolare - "sciùlio" l'azione della scivolata - "songo sciuliàto 'ncopp' 'a 'na scorza 'e cresòmmola" Sono scivolato su una buccia di albicocca.

Sciuràre (pron. sciurà): Fiorire - "sciuràto" Fiorito - "purpètta co' 'e sciùre 'e cucuzzièlli" polpetta di fiori di zucca e zucchini.

Schianàre (pron. schianà): Spianàre - Piallàre - "chianòzza" Pialla - "schianàto" Spianato - fig. "Cirùzzo tène 'a via schianàta" Ciro ha vita facile (avendo la strada sgombra da ostacoli).

Schizzicàre (pron. schizzicà): Piovigginare - "schizzo" Minutissimo spruzzo d'acqua - " schizzàto " Pazzoide.

Scòsere: Scucire - " scusùto " Scucito.

Scucciàre (pron. scuccià): Scocciare, dare fastidio - "scucciàto" Infastidito - Senza capelli.

Scufanàrsi: Mangiare in gran quantità - "scufanamiènto" L'atto stesso del rimpinzarsi - "scufanàto" Rimpinzato.

Scugnàre (pron. scugnà): Percuotere una pianta col bastone per far caderne i frutti - Rovinare il filo tagliente di una lama - fig. "scugnàto" Senza denti.

Scummàre 'a ssanghe (pron. scummà 'a ssànghe): Picchiare fino a far uscire il sangue - "scummàto 'a ssànghe" Picchiato a morte.

Scummigliàre (pron. scummiglià): Scoprire - Togliere il coperchio "cummuòglio" - " scummigliàto " Scoperto.

Scunnettiàre (pron. scunnettià): Dire frasi sconnesse, senza senso - Dire frasi sconce.

Scuppiàre (pron. scuppià): Scoppiare - Esplodere - "scuppiàto" Scoppiato.

Scurdàre (pron. scurdà): Scordàre - Dimenticare - "scurdàto" Scordato.

Scurnàrsi: Scornarsi - Svergognarsi, dirsele di tutti i colori - "scuòrno" Vergogna.

Scutuliàre (pron. scutulià): Scuotere - Scrollare - fig. "scutuliàrsi 'e guàje 'a cuòllo" Scrollarsi i guai da dosso.

Sicciàre (pron. siccià): Portare sfortuna - "sicciàto" Jellato.

Secutàre (pron. secutà): Rincorrere - "secutàto" Rincorso.

Semmenàre (pron. semmenà): Seminare .

Senghiàre (pron. senghià): Causare una fessura, una crepa - "senghiàto" Avere una crepa.

Sentìre (pron. sentì): Sentire - Ascoltare - Udire - "siènteme bbuòno" Ascoltami bene.

Serengàre (pron. serengà): Fare la siringa - fig. Imbrogliare - Truffare.

Sfòttere: Deridere, prendere in giro - "sfuttùto" Deriso.

Sfrennesiàre (pron. sfrennesià): Andare fuori di testa, dare i numeri.

Sfugàre (pron. sfugà): Sfogare - "sfugàto" Sfogato.

Sfugliàre (pron. sfuglià): Sfogliare, da cui "sfugliatèlla" Sfogliatella.

Sgarràre (pron. sgarrà): Sbagliare, uscire fuori misura - " m' 'e fatto 'nu sgarro " Mi hai fatto un torto.

Sgarrupàre (pron. sgarrupà): Abbattere - Demolire - "sgarrupàto" Diroccato.

Siccàre (pron. siccà): Seccare - "siccàto" Fatto seccare.

Smerziàre (pron. smerzià): Mettere al contrario - "Vestì 'a smèrzo " Indossare un abito al contrario.

Smirciàre (pron. smircià): Guardare - Sbirciare.

Sorchiàre (pron. surchià): Ronfare, russare - "sòrchio" Il risucchio di chi russa.

Spànnere: Mettere ad asciugare la biancheria - "spaso" Sparso - Appeso.

Spaparanzàre (pron. spaparanzà): Aprire completamente una finestra o un balcone - "spaparanzàto" Aperto.

Sparagnàre (pron. sparagnà): Risparmiare - "sparagnàto" Risparmiato - "sparàgno" Risparmio.

Sparàre 'a posa (pron. sparà 'a posa): Atteggiarsi assumendo delle pose eccentriche.

Spàrtere: Dividere - Spartire - "spartùto " Diviso - fig. Divorziato.

Spatriàre (pron. spatrià): Spargere - Cospargere - "spatrìa 'a semmènza" Spargi i semi - " spatrìame 'sta crema " Cospargimi la crema.

Spertusàre (pron. spertusà): Bucare - "spertusàto" Bucato - "pertùso" Buco.

Spignàre (pron. spignà): Spegnorare - "spignàto" Spegnorato.

Spugliàre (pron. spuglià): Spogliare - "spuògliate ca fa càuro " Spogliati che fa caldo.

Spulmunàrsi: "Spolmonarsi", non avere più aria nei polmoni (generalmente per il troppo parlare).

Spuntàre (pron. spuntà): Apparire - Sorgere - "spunta 'o sole".

Stare (pron. stà): Stare - Essere - "stongo ccà" Sto quà.

Stare di casa (pron.: stà 'e casa): Abitare, risiedere.

Stènnere: Stendere - Distendere - "stiso" Steso.

Stennecchiàrsi: Distendersi - Fare "Stretching" (stiramento dei muscoli) - "stennecchiàto" Disteso.

Strègnere: Stringere - "strègneme 'a mano" Stringimi la mano.

Strùjere: Consumare - Usurare - " 'o core mio s'è strutto penzànno 'a te" Il mio cuore si è consumato pensando a te.

Strunziàre (pron. strunzià): Imbrogliare - Prendere in giro ("strunzo" Stupido, fesso).

Struppiàre (pron. struppià): Picchiare duro causando rottura di ossa - "struppiàto" Avere le ossa rotte - "mo' te struppèo"Adesso ti picchio .

Stuiàre (pron. stuià): Asciugare - "stùiate 'a fronne" Asciugati la fronte.

Stutàre (pron. stutà): Spegnere - "Stuta 'stu ffuòco ca m' abbrùcia" Spegni questo fuoco che mi brucia.

Sunnàre (pron. sunnà): Sognare - "tu si 'nu suònno sunnàto" Sei il desiderio che ho sempre sognato.

Superchiàre (pron. superchià): Abbondare, avanzare - " 'o cupièrchio se lamènta d'o ssupièrchio" Il coperchio si lamenta di ciò che avanza - fig. "superchiùso" Affetto da complesso di superiorità.

Suppuntàre (pron. suppuntà): Puntellare - Rinforzare - "suppuntàto" Puntellato.

Suppurtàre (pron. suppurtà): Sopportare - "nun te suppòrto cchiù!" Non ti sopporto più!

Suspiràre (pron. suspirà): Sospirare.

Verbi con la T

Tammurriàre (pron. tammurrià): Suonare il tamburo.

Tastiàre (pron. tastià): Tastare - Toccare - Sondare - "tastiàto" Toccato, tastato.

Tenère (pron. tenè): Tenere - Avere - "tenùto" Avuto.

Trammiàre (pron. trammià): Distorcere un oggetto rendendolo inservibile - "trammiàto" Storto, distorto.

Trasìre (pron. trasì): Entrare - "trasùto" Entrato.

Tremmàre (pron. tremmà): Tremare - " trièmmeto " Tremito.

Truculiàre (pron. truculià): Traballare, vacillare - Scuotere - " 'a sèggia truculiàva" La sedia traballava, non era stabile - "truculèa 'a campàna e vide si sona" Scuoti la campana per vedere se suona.

Truvàre (pron. truvà): Trovare - "truvàto" Trovato.

Tuccàre (pron. tuccà): Toccare - "tuccàto " Toccato.

Tuppetiàre (pron. tuppetià): Bussare piano piano - "tuppettiàto" Bussato.

Turnàre (pron. turnà): Tornare - "tuòrne addu' me" Torna da me.

Verbi con la U

Uffènnere: Offendere - "uffèsa" offesa.

Ugliàre (pron. Uglià): Oleare - "uòglie 'e l'aulìva" Olio d'oliva.

Verbi con la V

Vasàre (pron. vasà): Baciare - "je te vurrìa vasà" Io ti vorrei baciare - "vaso" Bacio.

Vàttere: Battere - Picchiare - "vattùto" Battuto - Picchiato.

Vedère (pron. vedè): Vedere - Guardare - "vide 'o mare quanno è bello" Guarda il mare quanto è bello.

Vèncere: Vincere - "vinciùto" Vinto.

Vennecàre (pron. vennecà): Vendicare - "vennecàto" Vendicato.

Venneggnàre (pron. venneggnà): Vendemmiare - "vennègna" Vendemmia.

Vènnere: Vendere - " vennùto " Venduto.

Vèstere (pron. vestì): Vestire - "vestùto" Vestito - "vièstete " Vestiti.

Vèvere: Bere - "vevùto" Bevuto.

Vòllere: Bollire - "vullùto" Bollito.

Vottàre (pron. vuttà): Spingere - "vuttàto" Buttato, spinto.

Vulàre (pron. vulà): Volare - "vulàto" Volato.

Vulère (pron. vulè): Volere - "vulùto" Voluto - "comme 'o vuò accussì 'o dongo" Come lo vuoi così te lo dò.

Vummecàre (pron. vummecà): Vomitare - " vummecàto " Vomitato, rimesso.

Vuttàre (pron. vuttà): Spingere - " vuttàto abbàscio " Spinto giù, fatto cadere - " 'nu votta votta generàle" Uno spingi spingi generale, quasi una rissa.

Verbi con la Z

Zelliàre (pron. Zellià): Elemosinare, chiedere in prestito piccole cose, come: zucchero, caffè, qualche frutto ecc.

Zucàre (pron. zucà): Succhiare - "zucàto" Succhiato.

Zumpàre (pron. zumpà): Saltare - "zompa" Salta - "zumpàto" Saltato.

Zumpettàre (pron. zumpettà): Saltellare.

Zuppecàre (pron. zuppecà): Zoppicare - "zuòppo" Zoppo.

7. I MESTIERI

E dopo tutta questa lunga ma inevitabile parte grammaticale, allegeriamo un po' il tiro con qualcosa di meno impegnativo e più divertente: **i mestieri al napoletano!**

Beh, anche qui ci sono alcune "regolette". Tipo che se il mestiere deriva dal verbo che ne denota l'azione principale, il suo nome si formerà attraverso la desinenza **-ore** (sono detti "verbali"). Ad esempio...

Fravecàre (lavorare in edilizia) → fravecatòre (muratore)
Vènnere (vendere) → vennètore (commerciante)
Còsere (cucire) → cosetòre (cucitore, sarto)

Se, invece, il nome del mestiere deriva dall'arnese/mezzo che viene usato per lavorare o dal materiale trattato, in genere vengono usate le desinenze in **-aro, -iero, -juolo.**

Ad esempio:

ramma (rame) → rammàro
fierro (ferro) → ferràro (fabbro)
tavèrna (tipo osteria) → tavernàro (tipo oste)
ciùccio (asino) → ciucciàro (colui che aveva gli asini)
maccaròne (pasta) → maccaronàro (venditore di pasta)

pane → panàro o panettière
chiave → chiavettièro* (colui che faceva le chiavi)
locànna (locanda) → locannièro (locandiere)

*Nota che oggi il termine ha cambiato significato: volgarmente il *"chiavettière"* a Napoli è detto lo **"sciupafèmmene"**, ossia il playboy.

baccalà → baccalajuòlo (venditore di baccalà)
pizza → pizzajuòlo (pizzaiolo)
noce → nociajuòlo (commerciante di noci)
frutta → fruttajuòlo (fruttivendolo)

E per i mestieri al femminile?
Beh, ovviamente si cambia la desinenza, che può diventare **-a, -essa, -rice**.

Nociajuòlo → nociajòla
Maccaronàro → maccaronàra
Abbàte → abbatèssa
Prèvete (prete, sarcerdote) → prevetèssa (sacerdotessa)
Sordàto (soldato) → sordàta o sordatèssa
Mièdeco (medico) → mèdeca o medechèssa
Prufessòre → prufessòra o prufessurèssa
Pettenatòre (pettinatore, parrucchiere) → pettenatòra
Ammasciatòre (ambasciatore) → ammasciatrìce
Cosetòre → cosetòra o cosetrìce
Tessetòre (tessitore, tappezziere) → tessetòra o tessetrìce

Ma andando un po' a ruota libera, ti riporto un po' di mestieri napoletani, vecchi e nuovi:

Chianchière – macellaio

Pusteggiatòre – antico musicista di strada

Sanzàro – mediatore matrimoniale e/o immobiliare (si riconosceva perché indossava calze rosse)

Arriffatòre – organizzatore di riffa (tipo tombola o lotto)

Scapillàta – Donna pagata per piangere ai funerali

Casadduòglio – salumiere (da caso = formaggio e uòglio = olio)

Mammazezzèlla – bambinaia o balia, anche di latte

Ammuòla forbèce – arrotino

Capillò o capillàro – ambulante che comprava trecce e capelli per rivenderli ai produttori di touppè e parrucche.

Cardalàna (o materazzàaro) – rimetteva a posto i materassi a domicilio

Pazzarièllo – giullare di strada

Latrenàro (o spuzzacèssi o spuzzalatrìne) = pulitore di bagni e pozzi neri

Franfelliccàro – venditore di franfellìcche (dolcetti di miele e zucchero)

'O franfelliccàro

95

Mastuggiòrgio – infermiere di manicomio (detto anche castigamatti)
Mellunàro – venditore di meloni e angurie

'O mellunàro

Monzù – antico chef
Sanguettàro – applicatore di sanguisughe per fini medici
Schiattamuòrto – becchino
Sapunàro – produttori e/o venditore di saponi
Panzaruttàro – venditore di zeppole e panzarotti
Nciarmatòre – guaritore ciarlatano
Sciantòsa – artista del Café-chantant (ballerina)
Stagnìno – riparava pentole e oggetti di rame usando lo stagno
Acquajuòlo – venditore di acqua fresca per strada
Castagnàro – venditore di castagne e caldarroste

Gliuommenàro – antico menestrello o cantastorie, oggi diremmo cabarettista
Gravunàro – venditore di carbone e carbonella
Guarnamentàre – sellaio e produttore di accessori per carrozze e cavalli
Scupatòre – netturbino
Lavannàra – lavandaia
Mpagliasègge – impagliatore e riparatore di sedie

'A mpagliasègge

Nucellàro – venditore di noci, nocciole e noccioline
Capèra – parrucchiera a domicilio
Fecciajuòlo – ripuliva fusti di vino e ne rivendeva la feccia
Lampiunàro – quando non c'era la corrente elettrica, si occupava di accendere e spegnere i lampioni
Vammàna – ostetrica
Pannazzàro – venditore ambulante di biancheria e vestiti

Pisciavìnnolo – pescivendolo
Trovasìgari – raccoglitore di mozzoni di sigari, che poi riciclava e rivendeva
Stricàrio – esperto venditore di ostriche e frutti di mare

'O stricàrio

Solachianièllo – ciabattino
Parulàno – venditore di ortaggi, campagnolo
Putecàro – bottegaio, negoziante di alimentari
Zarellàro – commerciante tipo bazar, anche ambulante
Lutammàro – raccoglitore stradale di escrementi
Scistajuòlo – venditore di petrolio per uso domestico
Serengàra – esperta di siringhe, lavorava a domicilio
Nevajòla – venditrice di ghiaccio

Come hai potuto facilmente intuire, la maggior parte di questi mestieri sono antichi e oggi scomparsi ma spero che ti sia divertito a scoprirli o riscoprirli. Così, ti ho indirettamente illustrato uno spaccato dell'antica società napoletana. Per lo più erano mestieri che si esercitavano per strada, sicché puoi ben immaginare come, ancora più di oggi, le vie di Napoli fossero super popolate, rumorose e folkloristiche.

Ma parliamo anche dei lavori più normali e attuali. Ecco come si dicono in napoletano...

Raggiunière – ragioniere
Geòmmetra – geometra
'Ngignère – ingegnere
Sìnnaco – sindaco
Neguziànte – negoziante
Mariuòlo – ladro
Vìggile – vigile
Puliziòtto – poliziotto
Carabbìniere – carabiniere
Iucatòre – giocatore
Parrucchiàno – fedele di una parrocchia
Mprenditòre – imprenditore
Falignàme – falegname
Mbianchìno – imbianchino
Vinnitòre – venditore
Uperàio – operaio
Mpiegàto – impiegato
Carruzzière – carrozziere
Pulìtico – politico
Pumpière – pompiere
Surdàto – soldato
Prèvete - prete

Capepèzza - suora

Esercizi

9. Traduci in italiano...

Và addò chianchière e accatta 'nu chilo 'e sasicce =

Vìde sì 'o pisciaiuòlo tène 'o pesce frisco =

Ma che d'è 'sta zuzzìmma? 'O scupatòre nun'è benùto? =

Chìllo è 'nu mariuòlo, chiàmma 'e pulizzòtti! =

Se stà appicciànno tutte cose, chiàmma 'e pumpièri! =

Soluzioni

Esercizio 9

Và addò chianchière e accatta 'nu chilo 'e sasicce =
Vai dal macellaio e compra un chilo di salsicce

Vìde sì 'o pisciaiuòlo tène 'o pesce frisco =
Vedi se il pescivendolo ha il pesce fresco

Ma che d'è 'sta zuzzìmma? 'O scupatòre nun'è benùto? =
Ma cos'è quest'immondizia? Il netturbino non è venuto?

Chìllo è 'nu mariuòlo, chiàmma 'e pulizzòtti! =
Quello è un ladro, chiama i poliziotti!

Se stà appicciànno tutte cose, chiàmma 'e pumpièri! =
Si sta bruciando tutto, chiama i pompieri!

I segreti svelati in questo capitolo

. Molti antichi mestieri napoletani sono scomparsi ma hanno lasciato un ricordo inconfondibile nelle memorie e nelle tradizioni napoletane.

. Se un mestiere deriva dal verbo che ne denota l'azione principale, il suo nome si formerà attraverso la desinenza -ore.

. Quando il nome del mestiere deriva dall'arnese/mezzo che viene usato per lavorare o dal materiale trattato, in genere vengono usate le desinenze in -aro, -iero, -juolo.

. Per i mestieri femminili si cambia le desinenze, che possono diventare -a, -essa, -rice.

8. I NUMERI NAPOLETANI

Imparare i numeri, ossia *'e nùmmere*, in ogni lingua e dialetto, è fondamentale perché nella vita proprio non se ne può fare a meno. Ma quando si parla di numeri a Napoli, subito viene in mente la "**Smorfia**", ossia una sorta di dizionario tradizionale che associa ad ogni termine un numero.

A cosa serve? Beh, i napoletani amano molto il gioco del **Lotto** e credono che i propri defunti possano venirci in sogno e darci i numeri da giocare. Altrimenti, basta ricordarsi cosa si è sognato, traducendo il sogno in numeri, grazie all'ausilio proprio della suddetta Smorfia.
Così, nei posti dove si gioca il lotto, a Napoli sicuramente troverai la Smorfia, ossia un libro con tutti i numeri associati alle parole.

Ma prima di parlare della Smorfia, iniziamo a imparare i numeri in napoletano!

Innanzitutto, dobbiamo sapere che "Uno" e "due" in Napoletano si declinano in base al genere dell'oggetto o della persona a cui si riferiscono, così come segue:

Uno – maschile
Una – femminile

Dduje – maschile
Ddoje – femminile

Ma passiamo ora ad elencare tutti i numeri...

1 = uno
2 = ddoje (roje)
3 = tre, tréje
4 = quatto
5 = cinche
6 = seje
7 = sette
8 = otto
9 = nove
10 = dièce (rièce)
11 = ùnnece
12 = dùdece, dùrece
13 = trìrece
14 = quattuòrdece
15 = quìnnece
16 = sìdece , sìrece
17 = dicesètte, decessètte, riciassètte
18 = diciòtto, decedòtto, riciòtto
19 = dicennòve, decennòve, riciannòve
20 = vinte
30 = trenta
40 = quarànta
50 = cinquànta
60 = sissànta
70 = sittànta
80 = uttànta
90 = nuvànta
100 = ciènto
101 = ciènto e uno

200 = ddùjeciento
300 = trèciento
400 = quàttuciento
500 = cìncuciento
1000 = mille
10.000 = diecemìla
un milione = 'nu meliòne

Nota: Alcuni numeri presentano delle varianti che
dipendono dal differente modo di parlare delle varie zone o
città. Alcuni napoletani non amano molto la D e la
pronunciano R. Es. 'A Marònna, rièce e non dièce, ecc.

**Il tre comporta sempre il raddoppio della consonante
iniziale del sostantivo che segue. Es: tre pporte.**

Ecco, poi, gli **ordinali**:

primo = primmo
secondo = sicùnno/sicònna
terzo = tièrzo
quarto = quarto
quinto = quinto
sesto = sesto
settimo = sèttemo
ottavo = uttàvo
nono = nono
decimo = dècemo
undicesimo = unnecèsemo
dodicesimo = dudecèsemo
quattordicesimo = quatturdicèsemo
ventesimo = vintèsemo
ventunesimo = vintunèsemo
quarantesimo = quarantèsemo
cinquantesimo = cinquantèsemo
centesimo = centèsemo
millesimo = millèsemo

8.1. La Smorfia

Ed eccoci alla mitica Smorfia! **Hai mai giocato a tombola a Napoli o, comunque, con amici napoletani?**

Beh, a Natale a Napoli e in Campania, c'è la tradizione di giocare a tombola con l'ausilio della Smorfia.

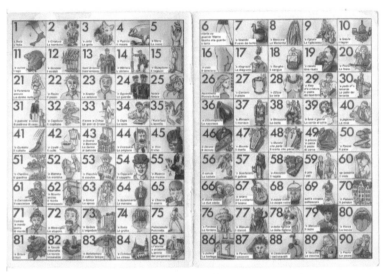

Il tabellone per la tombola della Smorfia napoletana

Cioè? Beh, è semplice: il "**tombolàro**" (*'o tumbulàro*), cioè colui che estrae e "chiama" i numeri, ad ogni numero estratto declama la relativa parola ad esso associata dalla Smorfia, con le conseguenti, solite battute dei presenti, giocanti e non! È un momento davvero tradizionale e classico napoletano, tipico delle riunioni natalizie in famiglia o fra amici.

Devi sapere che alcuni numeri sono associati a parole veramente esilaranti, rese ancora più grottesche dai disegni presenti sul tabellone!

Ma andiamo a vedere quali sono le parole della **smorfia napoletana**, limitatamente però ai numeri della tombola!

Una tipica cartella della tombola napoletana

1. L'Italia = L'Italia
2. La bambina = 'A piccerèlla
3. La gatta = 'A jatta
4. Il maiale = 'O puòrco
5. La mano = 'A mano
6. Quella che guarda verso terra (la vagina) = Chella ca guarda 'nterra
7. Il vaso di creta = 'O vasetto
8. La Madonna = 'A Marònna

9. La figliolanza = 'A figliàta
10. I fagioli = 'E fasùle
11. I topolini = 'E surecille
12. Il soldato = 'O surdàto
13. Sant'Antonio = Sant'Antonio
14. L'ubriaco = 'O mbriàco
15. Il ragazzo = 'O guagliòne
16. Il culo = 'O culo
17. La disgrazia = 'A disgràzia
18. La Passione = 'A Passiòne
19. La risata = 'A resàta
20. La festa = 'A festa
21. La donna nuda = 'A fèmmena annùra
22. Il pazzo = 'O pazzo
23. Lo scemo = 'O scemo
24. Le guardie (o La vigilia) = 'E Gguàrdie (o 'A viggìlia)
25. Natale = Natale
26. La piccola Anna = Nanninèlla
27. Il pitale (orinatoio)= 'O càntaro
28. I seni = 'E zizze
29. Il padre dei bambini (il pene) = 'O pate d'è criatùre
30. Le palle del tenente (le munizioni) = 'E palle d'ò tenènte
31. Il padrone di casa = 'O patròne 'e casa
32. Il capitone = 'O capitòne
33. Gli anni di Cristo = L'anne 'e Cristo
34. La testa = 'A capa
35. L'uccellino = 'Auciellùzzo
36. Le nacchere = 'E castagnèlle
37. Il monaco = 'O muònaco
38. Le botte = 'E mmazzàte
39. Il cappio al collo = 'A fune nganno

40. La noia = 'A noja
41. Il coltello = 'O curtièllo
42. Il caffè = 'O ccafè
43. La donna al balcone = Onna Pèreta fore 'o barcòne (cioè donna sguaiata/impicciona)
44. La prigione = 'E ccancèlle
45. Il vino buono = 'O vino bbuòno
46. Il denaro = 'E denàre
47. Il morto = 'O muòrto
48. Il morto che parla = 'O muòrto che pparla
49. La carne = 'A carne
50. Il pane = 'O ppane
51. Il giardino = 'O ciardìno
52. La mamma = 'A mamma
53. Il vecchio = 'O viècchio
54. Il cappello = 'O cappièllo
55. La musica di Barra = 'A mùseca ra' Barra (Quartiere napoletano anticamente noto per la sua musica e per i suoi musicisti)
56. La caduta = 'A carùta
57. Il gobbo = 'O scartellàto
58. Il regalo = 'O riàlo
59. I peli = 'E pile
60. Il lamento = 'O lamiènto
61. Il cacciatore = 'O cacciatòre
62. Il morto ammazzato = 'O muòrto accìso
63. La sposa = 'A sposa
64. La marsina (abito tipo frac) = 'A sciammerìa
65. Il pianto = 'O chianto (si dice anche 'a chiagnùta)
66. Le due zitelle = 'E ddoje zetèlle

67. Il totano nella chitarra = 'O tòtaro dint'à chitàrra (riferimento all'atto sessuale)

68. La zuppa cotta = 'A zuppa cotta

69. Sottosopra = sott'e 'ncoppa

70. Il palazzo = 'O palàzzo

71. L'uomo di merda = l'omm 'e mmerda

Un esempio tipico di come i napoletani siano legati alla smorfia: ecco un meme successivo al "tradimento" di Higuain, passato dal Napoli alla Juventus, acerrima rivale degli azzurri

72. Lo stupore = 'A maravìglia

73. L'ospedale = 'O spitàle

74. La grotta = 'A grotta

75. Pulcinella = Pulecenèlla

76. La fontana = 'A funtàna

77. I diavoli (o le gambe delle donne) = 'E riavulìlle (o 'E ccosce d'è ffemmene)

78. La bella figliuola. 'A bella figliola (la prostituta)

79. Il Ladro = 'O mariuolo

80. La bocca = 'A vocca

81. I fiori = 'E sciùre (leggi ciùre, singolare ciòre)

82. La tavola imbandita = 'A tavula apparicchiàta

83. Il maltempo = 'O maletièmpo

84. La chiesa = 'A chiesa

85. L'anima del Purgatorio = L'Anema d' 'o priatòrio (un'anima in pena…)

86. La bottega = 'A putèca

87. I pidocchi = 'E perùcchie

88. I caciocavalli = 'E casecavàlle

89. La vecchia = 'A vecchia

90. La paura = 'A paùra

Beh, ti consiglio vivamente di memorizzare il più possibile i nomi proposti dalla Smorfia, sia per arricchire il tuo lessico napoletano, sia per cultura. Se hai una tombola, prova a estrarre qualche numero, declamando alla napoletana il relativo nome. Per una fonetica perfetta, indugia molto sulla vocale accentata della parola, tipo così: 'A puteeeeeeeecaa. Fa molto napoletano classic.

Esercizi

10. Scrivi i nomi napoletani corrispondenti ai seguenti numeri, in base alla Smorfia...

17 =

71 =

90 =

48 =

33 =

28 =

16 =

11. Scrivi in napoletano il risultato delle seguenti operazioni matematiche...

1 x 2 =

10 : 5 =

2 + 2 =

5 x 2 =

37 − 17 =

50 x 2 =

20 x 10 =

200 + 900 − 100 =

100 x 10 x 1000 =

110 : 2 − 54 + 10 =

Soluzioni

Esercizio 10

17 = 'a disgràzia
71 = l'omm 'e mmerda
90 = 'a paùra
48 = 'o muòrto che pparla
33 = l'anne 'e Cristo
28 = 'e zizze
16 = 'o culo

Esercizio 11

1 x 2 = ddoje
10 : 5 = quìnnece
2 + 2 = quàtto
5 x 2 = dièce
37 – 17 = vinte
50 x 2 = ciènto
20 x 10 = duciènto
200 + 900 – 100 = mille
100 x 10 x 1000 = 'nu meliòne
110 : 2 – 54 + 10 = ùnnece

I segreti svelati in questo capitolo

. In napoletano il due viene declinato al maschile (dduje) e al femminile (ddoje).

. La Smorfia è un'antica tradizione napoletana che associa un numero ad ogni parola. Viene usata per interpretare i sogni e giocare i numero al Lotto.

. La Smorfia viene adottata anche dalla tombola napoletana, con numerazione da 1 a 90.

. Alcuni numeri della Smorfia sono diventati molto popolari nella cultura napoletana, come il 17 ('a digrazia), il 90 ('a paura), il 33 (l'anne 'e Cristo).

9. IL TEMPO E IL CALENDARIO

Oggi parliamo **d'ò tiempo** e **d'ò callannàrio (calendario)**, argomenti molto comuni nelle conversazioni di tutti i giorni.

La domanda classica è: *comm'è 'o tiempo oggi? (com'è il tempo oggi?)*. A Napoli c'è quasi sempre il sole, quindi è molto probabile che la risposta sarà "è *'na bella iurnàta 'e sole*" (è una bella giornata di sole), o addirittura "*sta' 'nu sole 'e pazzi*" (c'è un sole pazzesco) o "*fa 'nu Marònna 'e càvero*" (fa un caldo della Madonna).

E se il tempo è brutto?

Fa 'nu sfaccimma 'e friddo = fa freddissimo
Chiòve comm'è chè! = piove tantissimo
Tira assàje viènto = tira molto vento
Uà, sta' a fa 'a neve = Uà, sta nevicando

E come si comporta il napoletano in base alle condizioni climatiche?

Fa càvero, nun te vestì pesante = fa caldo, non vestirti pesante.
Fa friddo, mìttete coccòsa 'e pesànte ncuòllo = fa freddo, mettiti qualcosa di pesante addosso.
Uà, sta' chiuvènno, t'è purtàto 'o mbriello? = Uà, sta piovendo, ti sei portato l'ombrello?
Maro' fa tropp friddo, appìccia 'a stufa = Madonna, fa troppo freddo, accendi la stufa.
Fa troppo càvero, sto squagliànno = fa troppo caldo, mi sto squagliando.

Uà è asciùto 'o sole, amma ij 'a mmare? = Uà è uscito il sole, vogliamo andare al mare?

Nun se capìsce chiù niente, mò fa càvero, mò fa frìddo = Non si capisce più niente, ora fa caldo, ora fa freddo (espressione tipica delle mezze stagioni).

Fa tropp friddo, pigliàmmece 'nu bellu cafè vullènte ca ce scarfàmme = fa troppo freddo, prendiamoci un bel caffè bollente che ci riscaldiamo.

Una bella cartolina di Napoli, città del sole

119

9.1. L'orologio e le ore

Altrettanto importante è saper leggere l'orologio (*'o rilòrgio*) in napoletano, per non farsi trovare impreparati se ti chiedono "*sapìte che ore so'?*" (sapete che ore sono?).

Occhio, se hai un Rolex, cerca di non sfoggiarlo troppo per strada, non si sa mai, come a Napoli così come a Milano.

Vediamo, dunque, come si misura il tempo in napoletano:

**Un secondo = 'Nu sicònno
Un minuto = 'Nu minùto
Una mezz'ora = 'Na mezzora
Un'ora = N'ora**

15 minuti si dice " **'nu quart r'ora**" (un quarto d'ora).

Invece le ore si leggono così: 18:40 = *'E sette manc vinte* (le sette meno venti minuti), 18:45 = *'E sette manc 'nu quarto* (le sette meno un quarto) e così via.

Di solito, quando si intende un evento, poniamo il caso di un appuntamento, tra un determinato lasso di tempo, ad esempio una mezz'ora, si usa dire: "*ce vedìmmo fra 'na mezzòra*".

Devi sapere che in **genere a Napoli la puntualità non è così fiscale come a Milano**, quindi, quando si danno appuntamenti, si è abituati a una certa flessibilità. A Milano, se ti dai appuntamento alle 17, alle 17:05 ti chiamano per sapere che fine hai fatto, a Napoli assolutamente no, deve passare almeno mezzora finché ci si possa preoccupare.

Il tempo, dunque, è cadenzato con maggiore relax e viene vissuto con molta meno frenesia che altrove. Insomma, è difficile che a Napoli si spacchi il secondo ma ciò non toglie che ci siano napoletani molto puntuali e che la puntualità in determinati contesti lavorativi sia altrettanto importante che altrove. Questo concetto di maggiore tolleranza, più che altro, è tipico degli appuntamenti informali, tipo con parenti e amici.

Quando, ad esempio, un appuntamento, viene stabilito per una data ora, tipo alle sette, i napoletani si "premuniscono" per eventuali ritardi usando una forma approssimata: **"ce vedìmmo 'a via de' sette"** (ci vediamo verso le sette), che implica una tolleranza media di almeno 15-20 minuti, per i più ritardatari anche 30-40 minuti.

Ma come si fa a premunirsi se si ha appuntamento con un napoletano, affinché egli non arrivi in ritardo?
Beh, basta dirgli: **Pe' favòre, vieni ambresso, nun fa' tardi** = per favore, vieni presto (cioè in orario), non fare tardi.

Ma anche in caso di ritardo, non essere fiscale, sii tollerante e non richiamare il tuo amico napoletano, perché potrebbe indisporsi, essendo, appunto, abituato ad una certa flessibilità in materia. A Milano mi è capitato di ricevere appuntamenti tipo "arrivo alle 17:05" e alle 17:05 era. Questo se lo racconti a un napoletano crede che stai scherzando o gli stai raccontando una barzelletta!

9.2. I giorni della settimana, la giornata e le stagioni

Come si dicono i giorni della settimana in napoletano? Eccoli...

lunnerì
marterì
miercurì
gioverì
viernarì
sàbbato
dummèneca

Ma come si scandisce la giornata napoletana?

Beh, si parte dalla mattina (**'a matìna**): **'Te scite 'a na cert'ora** (ti svegli a una determinata ora) **e 'te faje 'nu bellu ccafè stritt stritt** (e ti fai un bel caffè stretto stretto). **Sì tiene famme, 'te faje pure 'na bella suppa 'e latte** (se hai fame, ti fai anche una bella zuppa di latte). **E sì s'è fernùto 'o ccafè, 'te ne vaje 'o bbar e to' pigli llà** (e se si è finito il caffè, te ne vai al bar e te lo prendi là).

Po' 'te faje 'na bella passiàta (poi ti fai una bella passeggiata), **'te lieggi 'nu poco 'o ggiurnàle** (ti leggi un po' il giornale) **e aspiètt ca se fà ora 'e pranzo** (e aspetti che si fa ora di pranzo). **Po' o te ne tuorn 'a casa o te magne 'na bella pizza mmiezz 'a via** (poi o torni a casa o ti mangi una bella pizza per strada). **Aròpp magnato, 'te faje 'na bella cuntròra e 'te scite a via 'de cinche** (dopo mangiato, ti fai una bella pennichella e ti svegli verso le

122

cinque). **Po' vide tu, sì tiene 'nu poco a faticà, fatìchi, sì è spiccià cocche servizièllo, to' faje, sinnò te ne vaje a fangul** (poi vedi tu, se devi lavorare un po', lavori, se devi fare qualche commissione, te la fai, sennò te ne vai a fanculo).

Quanno s'è fatt 'a sera, a via re' otto, ott 'e mezza, nove, 'te ne vieni a magnà a casa mia, ca te faccio 'nu bellu spavètto a vongole! (quando si è fatta sera, verso le 8, 8:30, 9, vieni a mangiare a casa mia, che ti preparo un ottimo spaghetto a vongole).

Po', quanno s'è fatt'ora, 'te ne vaje a curcà a casa toja e po' ce verìmmo dimàne (poi, ad una certa ora, te ne vai a dormire a casa tua e poi ci vediamo domani).

Nota: il caffè per il napoletano è sacro, a qualsiasi ora, come il the per gli inglesi. Se lo fa a casa, con la moka, pressa molto la miscela per far sì che il caffè venga bello stretto, ossia forte. Se, invece, lo prende al bar, rigorosamente accompagnato da un bicchier d'acqua compreso nel prezzo (non come a Milano!), lo prende amaro in tazzina bollente, altrimenti te lo servono già zuccherato. Occhio, non è come a Milano che si ordina il caffè in mille modi diversi (al ginseng, in tazza piccola, deca, con zucchero di canna, marocchino, espresso, lungo, doppio, macchiato caldo, macchiato freddo, lungo macchiato freddo in tazza grande... e chi più ne ha più ne metta! Se un milanese fa questo a Napoli, il barista potrebbe anche mandarlo a fanculo, credendo che stia subendo uno scherzo.
*Ma tornando al caffè napoletano, esso per tradizione deve essere contraddistinto dalle famose tre C: **Comm Cazz Coce!** Il resto conta poco.*

E come si chiamano in napoletano le varie stagioni dell'anno?

'A primmavèra = la primavera
'A staggiòne = l'estate
Ll'autùnno oppure **'a sfrunnàta** = l'autunno
'A vernàta oppure **'o vièrno** = l'inverno

Ed ecco alcune frasi napoletane, che potresti ascoltare, in tema:

'A primmavèra è bella pecchè nàsceno 'e ciùre.
La primavera è bella perché sbocciano i fiori.

'A staggiòne ca trase ce ne jammo 'nu poco 'o mmare.
La prossima estate ce ne andiamo un po' al mare.

Ll'autùnno è triste pecchè càrono 'e fronne.
L'autunno è triste perché cadono le foglie.

A Nàpule c'è sta' 'o sole pure nt'a vernàta.
A Napoli c'è il sole anche d'inverno.

Esercizi

12. Traduci in napoletano…

Fa freddo =
Fa caldo =
Piove =
Domani è domenica =
D'estate andiamo al mare =
Sono le 7:40 =
Ci vediamo alle 17 =
Aspetta un secondo! =

Soluzioni

Esercizio 12

Fa freddo = Fa frìddo
Fa caldo = Fa càvero
Piove = Chiove
Domani è domenica = Dimmàne è dummèneca
D'estate andiamo al mare = 'A staggiòne jàmme a mmare
Sono le 7:40 = Songo 'e l'otto manco vinte
Ci vediamo alle 17 = Ce vedìmmo 'e cinche
Aspetta un secondo! = Aspiètta 'nu sicònno!

I segreti svelati in questo capitolo

. A Napoli non si dice "sono le 17:40" ma "songo 'e sei manco vinte". Questo anche per "manco 'nu quarto", "manco diece" e "manco cinche". Se sono le 17:47 si arrotonda a "manco 'nu quarto" o "manco diece", a seconda dell'umore di chi legge l'orario. Il napoletano, infatti, non ama la precisione.

. Il napoletano non ama la puntualità: se prendete un appuntamento a Napoli, non siate fiscali ma abbiate una tolleranza di almeno 20 minuti sull'orario concordato. A Napoli, infatti, non si dice "ci vediamo alle 17" ma "ce vedìmmo a via d'è cinche", ossia verso le cinque.

10. I COLORI: 'E CULÙRE

Dedichiamo questo capitolo ai colori (*'e culùre*), molto importanti, perché Napoli è una città molto colorata, anche nell'animo, come dice la canzone-inno di Pino Daniele *"Nàpule è"*: *Nàpule è mille culùre*.

Ma dopo questa citazione musicale, partiamo subito con il lessico napoletano dei colori. Ecco come si dicono i colori in napoletano:

Bianco = jànco
Verde = vèrde
Blu = blè, blú
Nero = nìro
Rosso = rùsso
Arancione = ranciàto, arancióne, cucòzze (zucca in napoletano).
Giallo = giàllo, 'ngiallùto, amarìglio
Marrone = marrò, marròne
Viola = viòla, viùletto
Celeste = ccelèste (questo termine è utilizzato anche per indicare l'azzurro)
Turchese = turchìno (questo termine è utilizzato anche per indicare l'azzurro scuro)
Rosa = ròsa
Indaco = ínnaco
Grigio = Grìggio
Azzurro = azzùrro (è il colore più amato, del cielo, del mare e del Napoli)

Riferito a persone...

'O nìro = riferito a persona di colore, differentemente da *'o nniro*, riferito al solo colore.

'O rùsso / 'a ròssa = il rosso / la rossa, riferito a persona dai capelli rossi. Da non confondere con *'o Russo*, inteso come abitante della Russia.

Capa jànca = riferito a persone bionde o dai capelli bianchi.

Come possono essere i capelli?

Capìlle rùsse
Capìlle nìre
Capìlle jànche (cosiddetti anche se grigi o brizzolati)
Capìlle cucòzza (biondo rossastro, tonalità arancio)

Come possono essere gli occhi?

Uòcchie nìre
Uòcchie marrò
Uòcchie vèrdi
Uòcchie azzùrri
Uòcchiè verde turchino

Visto che l'abbiamo citata, mi sembra doveroso, a titolo di omaggio a un grandissimo artista napoletano, riportare il testo integrale di *Nàpule è*, dell'immortale Pino Daniele.

Pino Daniele, un mito per Napoli

Napule è mille culure
Napule è mille paure
Napule è 'a voce d''e criature
che saglie chianu chiano
e tu saje ca nun si sulo

Napule è nu sole amaro
Napule è addore 'e mare
Napule è 'na carta sporca
e nisciuno se ne 'mporta
e ognuno aspetta 'a ciorta...
uh yeh eh ah eh ah eh

dun de du do di eh oh oh, eh eh ...
uh, eh ehu ehu eh...

Napule è 'na cammenata
dint''e viche mmiezo all'ate
Napule è tutto nu suonno
e 'a sape tutt' 'o munno
ma nun sanno 'a verità...

Esercizi

13. Rispondi in napoletano alle seguenti domande...

Comme 'e tieni l'uòcchie?

'E che culòre è 'a maglia 'da squadra d'ò còre tuòio?

'E che culòre tieni 'a màchina?

Comme 'e tieni 'e capìlle?

Qual è 'o culòre ca 'te piace chiù assàje?

Qual è 'o culòre chiù bell 'e Nàpule?

E quante culùre è 'a Nàpule 'e Pino Daniele?

I segreti svelati in questo capitolo

. Occhio al colore nero: si usa il termine *"nìro"* come aggettivo, *" 'o nnìro"* come sostantivo e *" 'o nìro"* e *" 'e nìre"* (plurale) come sostantivo indicando le persone di colore.

. A Napoli tutte le persone dai capelli rossi, vengono automaticamente soprannominate *" 'o rùsso"* o *" 'a ròssa"*, così come i biondi vengono appellati *" 'o biònno"* e *" 'a biònna"* (abbreviato *'o bio'* e *'a bio'*). Questo perché i tratti somatici del napoletano medio sono, in genere, mediterranei, ossia carnagione medio-scura e capelli e occhi castani o neri; dunque, le persone bionde o rosse sono quasi una rarità e pertanto vengono appellate in base al loro "particolare" colore. Tuttavia, va sottolineato che avendo avuto Napoli diverse dominazioni straniere, anche dal nord Europa (es. Normanni, Longobardi e Angioini), è altresì possibile trovare napoletani biondi con gli occhi azzurri, come il campione di nuoto Massimiliano Rosolino o la bellissima attrice Serena Autieri (in foto).

11. IL CIBO A NAPOLI: 'O MAGNA'

Ed eccoci al capitolo più goloso, quello sulla cucina napoletana! Inutile dire che al napoletano doc piace molto mangiare e il cibo è un elemento imprescindibile della cultura e del DNA di Napoli. Ma partiamo dai cult assoluti della cucina napoletana...

Qual è la pietanza napoletana più famosa al mondo?
Ovviamente *'a pizza*!

Le pizze tipiche napoletane, rigorosamente tonde e cotte in forno a legna sono la **marinara** (con pomodoro, aglio, origano e olio extravergine di oliva) e la **margherita** (con pomodoro, mozzarella, basilico e olio EVO).

La mitica pizza margherita

Le pizzerie classiche, che conosco e ti consiglio di provare a Napoli sono: *Trianon, Sorbillo, da Michele, Starita, Pellone, Di Matteo, Brandi, dal Presidente.* Comunque, considera che **a Napoli la pizza buona si mangia ovunque!**

Ma Napoli, ovviamente, non è solo pizza. Tanti altri sono, infatti, i prodotti dell'arte culinaria partenopea famosi nel mondo, tipo: *'o babà, 'a sfujatèlla, 'a pastièra, 'e struffoli* e *'o casatièllo.* Molti di questi cibi, sono di origine stagionale, ossia legati a una particolare festività, ma ormai si mangiano durante tutto l'anno.

Beh, a questo punto, ti propongo una breve degustazione virtuale, in modo da prepararti a quella reale, quando sarai a Napoli.

'O babà, a mio avviso, è il re della pasticceria napoletana. Pare che l'origine di questo delizioso dolce sia polacca e che sia arrivato a Napoli tramite i Francesi.

Il babà è delizioso, secondo me, per la sua leggerezza e particolare dolcezza e freschezza, data dal bagno in acqua zuccherata e rum. Il babà classico è quello "normale" (in foto), ossia senza panna, crema o cioccolata, ma altrettanto squisiti sono i babà farciti e le torte babà.

Ultimamente, è molto in voga a Napoli anche il babà affogato nel bicchiere, con panna, crema Oreo, crema pasticciera, crema al limone o cioccolata. Altamente consigliato anche per una degustazione al passeggio.

'A sfujatèlla

La sfogliatella, riccia o frolla, è un altro dolce storico napoletano: se il babà è il re, la sfogliatella è la regina della pasticceria partenopea.

'A sfujatèlla frolla e 'a riccia

La sfogliatella è la tipica colazione del napoletano al bar, calda al mattino insieme al caffè. Se vai a Napoli, vai a fare colazione all'antico Caffè Gambrinus in via Chiaia.

'A pastièra

La pastiera è il tipico dolce napoletano di Pasqua, anche se ormai a Napoli è facile trovarla durante tutto l'anno. È un dolce di pasta frolla, tipo crostata ma ripiena di ricotta, grano tenero e canditi. La sua ricetta è antica e la sua diffusione risale almeno al '600.

'a pastiera

'E strùffuli

Gli struffoli sono un dolce napoletano tipico del periodo natalizio. Sono delle palline di grano, fritte e montate col miele in una forma a ciambella o piramide. Pare che le sue origini siano greche o spagnole.

'E strùffuli

'O casatièllo

Concludiamo questa piccola kermesse di cibi tipici napoletani col salato, presentandoti il protagonista della Pasquetta: il casatiello. Trattasi di una torta rustica molto saporita, condita con strutto, pepe e farcita uova sode, formaggio e insaccati vari tagliati a cubetti.

'Na bella fella 'e casatièllo

Nessun napoletano si sogna, nemmeno vagamente, di trascorrere la Pasquetta senza mangiarsi, minimo, una bella fetta di casatiello. Sovente, capita, tra amici, di fare, addirittura, la gara dei casatielli, per stabilire quale mamma è stata più brava nel prepararlo.

Oltre a questi cibi napoletani cult, ti riporto una più generica **lista di cibi**, tradotti dall'italiano al napoletano:

Il Pomodoro = 'A Pummaròla
Il Pomodorino = 'A Pummarulèlla / 'O Pummarulìllo
La Melanzana = 'A Mulignàna
Il Peperone = 'O Puparuòlo
Il Prezzemolo = 'O Petrusìno
Il Basilico = 'A Vasenicòla
La Zucchina = 'O Cucuzièllo
La Zucca = 'A Cucòzza
L'ananas = 'A Nanàssa
L'alloro = 'O Làuro
L'albicocca = 'A Crisòmmola
L'anguria = 'O Mellòne 'E Acqua
L'arancia = 'A Purtuàllo

Gli Asparagi = 'A Spàrace
I Broccoli = 'E Vruòccole
I Friarielli = 'E Frijàrielli
I Cachi = 'E Lignisànti / 'E Cachìsse
I Capperi = 'E Chiapparièlli
La Carota = 'A Pastenàta
I Cavolfiori = 'E Cavriciùre
I Ceci = 'E Cìcere
Il Cetriolo = 'O Cetruòlo
La Ciliegia = 'A Ceràsa
La Cipolla = 'A Cepòlla
I Fagioli = 'E Fasùle
Il Fico = 'A Fica
Il Finocchio = 'O Fenùcchjo
La Fragola = 'A Fràula
I Funghi = 'E Fùnge
L'insalata = 'A Nzalàta
Il Melone = 'O Mellòne
Il Melograno = 'O Granàto
La Nocciola = 'A Nucèlla
L'arachide = 'A Nucèlla Americana
La Pesca = 'A Pèrzeca
La Pesca Noce = 'A Nocepèrzeca
La Pesca Gialla = 'A Percòca
Le Olive = L'aulìve
La Patata = 'A Patàna
Il Peperoncino = 'O Cerasièllo
Il Peperoncino Verde = 'O Puparulìlle
Il Pinolo = 'O Pignuòlo
I Piselli = 'E Pesièlle
La Prugna = 'A Prùna
Il Ravanello = 'O Rafanièllo
Il Sedano = L'àcce
La Verza = 'A Virze

Per i non vegani, citiamo: 'a càrna 'e puòrco (la carne di maiale), 'e pùllo (di pollo), 'e pesce (di pesce), 'e cacciaggiòne (di cacciagione), 'e vacca (di manzo), ll'ove (le uova).

Tipici piatti di natale sono: 'o capitòne (il capitone), 'o baccalà (il baccalà), 'a spìgula (il branzino), 'a frittùra 'e pesce (la frittura di pesce), 'a nzalàta 'e rinfòrzo (l'insalata di rinforzo).

Tra i primi piatti, ossia la pasta, citerei senz'altro:
'e maccarùne 'ca sarza = maccheroni con il pomodoro
'e maccarùne 'co rraù = maccheroni al ragù napoletano
'o spavètto a vongole = lo spaghetto con le vongole
'e gnuòcche 'a sorrentìna = gli gnocchi alla sorrentina
'o sartù 'e riso = torta di riso rustica napoletana

'O sartù 'e riso

E se la pasta avanza? Si fa una bella frittatina di pasta ('a frittàta 'e maccarùne).

141

'A frittatìna 'e maccarùne

Per finire in bellezza, come non citare altri due piatti che in napoletani adorano: 'o cattò 'e patàne (il gattò di patate) e 'a parmiggiàna 'e mulignàne (la parmigiana di melenzane.

'O cattò / gattò 'e patane

'A parmiggiàna 'e mulignàne

Concludo questo delizioso capitolo, citando il grande **Mario Merola**: *"è bello 'o magnà!"*

Esercizi

13. Traduci le seguenti frasi in italiano

Uè, Ciru', è purtàto o casatièllo?
No, 'o Ci', pecchè chillo puòrco 'e fràtemo se l'è magnàto tutto quànn isso!

Cunce', 'a vigilia 'e Natale venìte a cena addo nuje! Ma nun purtàte 'e strùffoli pecchè i fa 'a sora 'e Pascàle 'o tabbaccàro.

Giuvino', me facìte 'nu bellu cafè? E me date pure 'na bella sfujatèlla?
Sùbbeto Don Aure'! Comm a vulìte 'a sfujatèlla, frolla o riccia?
Comme vulìte vuje, abbasta che è càura e 'ca facìte ambresso.

Oi Pe', ma è vist comm'è buono stù babbà che t'aggio fatto?
Certo Filumè, è doce doce comme te!

Soluzioni

Esercizio 13

Ehi Ciruzzo, hai portato il casatiello?
No, Ciccio, perché quel porco di mio fratello lo ha mangiato tutto lui!

Concetta, alla vigilia di Natale venite a cena da noi? Ma non portate gli struffoli perché li fa la sorella di Pasquale il tabaccaio.

Giovane, può farmi un bel caffè? E mi da anche una bella sfogliatella?
Subito Signor Aurelio! Come la vuole la sfogliatella, frolla o riccia?
Come vuole, basta che sia calda e che fa presto.

Peppe ma hai visto come è buono questo babà che ti ho fatto?
Certo Filomena, è dolce dolce come te.

I segreti svelati in questo capitolo

. La tipica colazione del napoletano al bar è costituita da un caffè espresso accompagnato da una sfogliatella calda, per lo più riccia.

. Non esiste Pasquetta a Napoli se non si pranza con il casatiello, il rustico condito con pepe, strutto, uova, formaggio e salumi tagliati a cubetti.

. Il babà è il principe dei dolci napoletani. Non si usa tanto a colazione ma la domenica, per completare il pranzo, è il top!

. A Napoli la pizza si mangia buona ovunque e la marinara o la margherita costano sempre poco.

. Gli struffoli, a Napoli, sono il dolce natalizio per eccellenza ma non mangiarli mai con le mani, altrimenti ti rimarranno appiccicate con il miele...

12. LA FAMIGLIA: 'A FAMÌGLIA

Come si evince dalle classiche commedie napoletane, alla Eduardo de Filippo o, meglio ancora, dalle sceneggiate alla Mario Merola tipo *'O Zappatòre*, i napoletani sono, mediamente, piuttosto mammoni e, comunque, molto legati al **culto della famiglia**. È vero, oggi non ci sono più le famiglie numerose di una volta ma, comunque, nell'immaginario comune, la tipica famiglia napoletana è sempre molto unita, compatta e rumorosa, specie in occasione del pranzo domenicale e durante le feste.

Ma vediamo subito come si compone la famiglia napoletana:

. **'A mamma**, detta mammà, è il vertice e punto di riferimento di tutta la famiglia. Sempre pronta a dare una mano o una parola di conforto a tutti, è la regina dei fornelli e custodisce i segreti della famiglia.

Ti riporto una poesia di **Salvatore di Giacomo**, che descrive in modo molto toccante cosa rappresenti la mamma per un napoletano:

Chi tene 'a mamma
è ricche e nun 'o sape;
chi tene 'o bbene
è felice e nun ll'apprezza.

Pecchè ll'ammore 'e mamma
è 'na ricchezza
è comme 'o mare
ca nun fernesce maje.

Pure ll'omme cchiù triste e malamente
è ancora bbuon si vò bbene 'a mamma.

147

'A mamma tutto te dà,
niente te cerca

E si te vede e' chiagnere
senza sapè 'o pecché,
t'abbraccia e te dice:
"Figlio!!!"
E chiagne nsieme a te.

. **'O pate**, chiamato papà, è colui che porta i soldi a casa. Fino a qualche generazione fa, il padre di famiglia veniva chiamato dai figli con il "voi", era molto temuto e rispettato in famiglia, perché era, in genere, anche molto burbero e severo.

C'è un brano di Nino d'Angelo intitolato, appunto, " *'O pate*", che descrive perfettamente il padre di famiglia tradizionale napoletano. Ti riporto, in parte, il testo.

'O pate è 'o pate
nun se po lamentà maje cu nisciuno
adda fà sempe 'o forte, adda fà 'o pate
è capo, ma nun sape cumannà.

'O pate è 'o pate
sempe annascuso, nun se vede maje
ma sape tutto chello ca succede
e quanno vò se sape fà sentì
e c''a fatica 'nfaccia e dint' all'ossa
va cammenanno cu 'e penziere appriesso
se cresce 'e figli dint''o portafoglio
sempe cchiù chino 'e 'sti fotografie
nisciuno 'o sente quanno parla sulo
e se fa viecchio sestimanno e guaje
e si 'o faje male s'astipa 'o dolore areto a nu sorriso

e se va a 'ppendere dint' 'o scuro
a 'na lacrema d' 'o core
ca ogni tanto 'o fa cadè.

. **'O frate e 'a sora**, fratelli e sorelle, nella famiglia napoletana sono molto legati. Guai a offendere la sorella di un napoletano, ne va di mezzo il suo onore.

La famiglia napoletana classica era molto numerosa e unita. Ancora oggi, molte famiglie napoletane vivono nei bassi (*'e vasci*), ossia abitazioni di uno o due locali, con ingresso fronte strada. Nei bassi vivevano e vivono ancora oggi, famiglie numerose, i cui membri giocoforza dovevano convivere nel rispetto dei ruoli e in un clima di serenità e mutua solidarietà.

Un tipico "vascio" napoletano

149

. **'O nonno** e **'a nonna,** detti *'o no'* e *'a no'*, sono figure molto centrali nella famiglia napoletana. Sono amati e rispettati ma vivono la famiglia con discrezione, senza essere invadenti. Ci sono ma non si vedono, sono sempre pronti a dare il loro supporto, con affetto e pazienza, pur facendosi i fatti propri.

Nota: Il napoletano di strada, quello un po' scugnizzo, usa l'appellativo *'o no'* e *'a no'*, impropriamente, anche rivolgendosi ad anziani genericamente, anche estranei. Non è un'offesa, è un modo di dire rivolto a persone particolarmente anziane, comunque rispettoso.

. **'O zio** e **'a zia,** detti *'o zi'* e *'a zi'*, vengono chiamati genericamente anche parenti anziani di vario grado ma è un appellativo generico usato impropriamente anche per richiamare l'attenzione di persone di mezza età per strada.
In famiglia, lo zio e la zia vengono in genere trattati con complicità, se giovani, o come bancomat, se più anziani.

. Infine, **'o fratcucìn** e **'a soracucìna** sono, rispettivamente, il cugino e la cugina. Questi appellativi, a volte, vengono affibbiati anche impropriamente, per rafforzare un reciproco senso di affetto e appartenenza, tra semplici amici.

Nota: Ricordati che per i membri della famiglia, il napoletano usa l'aggettivo possessivo come suffisso:

màmmema = mia mamma
màmmeta = tua madre

pàtemo = mio padre
pàteto = tuo padre

sòrema = mia sorella
sòreta = tua sorella

fràtemo = mio fratello
fràteto = tuo fratello

nònnema = mia nonna
nònneta = tua nonna

nònnemo = mio nonno
nònneto = tuo nonno

zìtemo = mio zio
zìteto = tuo zio

zìtema = mia zia
zìteta = tua zia

fratemocucìno = mio cugino
fratetocucìno = tuo cugino

soremacucìna = mia cugina
soretacucìna = tua cugina

Esercizi

14. Traduci le seguenti frasi...

Come è bona tua sorella!

Mia mamma sa cucinare bene.

Digli a tuo padre che deve portare i soldi a casa.

Accidenti, come si è fatta bella tua cugina!

Nonno, hai qualche soldo per me?

Soluzioni

Esercizio 14

Come è bona tua sorella!

→ *Comm'è bbona sòreta!*

Mia mamma sa cucinare bene.

→ *Màmmema sape cucinà bbuono.*

Digli a tuo padre che deve portare i soldi a casa.

→ Dincèllo a pàteto c'adda purtà 'e sord 'a casa.

Accidenti, come si è fatta bella tua cugina!

→ Azz e comme s'è fatta bella soretacucìna!

Nonno, hai qualche soldo per me?

→ *'O no', tieni coccòsa 'e sord pe' me?*

I segreti svelati in questo capitolo

. Non offendere mai la mamma o la sorella di un napoletano!
È una questione d'onore...

. Per le persone molto anziane, viene comunemente usato
l'appellativo 'o No' e 'a No', rispettosamente, anche per
strada rivolgendosi ad estranei. Chiaramente è molto più
giusto ed educato rivolgersi con un meno confidenziale "
Signo' ".

. Per le persone di mezza età, viene comunemente usato
l'appellativo 'o Zi' e 'a Zi', rispettosamente, anche per strada
rivolgendosi ad estranei. Chiaramente è molto più giusto ed
educato rivolgersi con un meno confidenziale " Signo' ".

. In napoletano, con i membri della famiglia, gli aggettivi
possessivi "mio" e "mia", vengono usati come suffissi: es.
sòrema (mia sorella), sòreta (tua sorella).

13. IL CORPO: 'O CUÒRPO

Oggi parliamo di come si chiamano le parti del corpo in napoletano.

Ti riporto subito un elenco e ti prego di memorizzarne i termini:

La Testa = 'A Capa
Il Braccio = 'O Vràccio
La Mano = 'A Mana
Il Dito = 'O Rito
La Gamba = 'A Coscia
Il Piede = 'O Pere (Plur. 'E Pière)
La Schiena = 'E Rine
Lo Stomaco = 'O Stòmmaco
La Pancia = 'A Panza
L'ombelico = 'O Mbellìculo
La Bocca = 'A Vocca
I Denti = 'E Riente (Sing. 'O Rente)
L'occhio = L'uòcchio
L'orecchio = 'A Recchia
La Milza = 'A Mèuza
La Gola = N'cann, 'O Cannaròne
Il Ginocchio = 'O Renùcchio (Plur. 'E Ddenòcchje)
Il Collo = 'O Cuòllo
Il Gomito = 'O Gùveto
La Spalla = 'A Spalla
Il Petto = 'O Piètto
I Seni = 'E Zzizze
Il Capezzolo = 'O Capetièllo

Il Cuore = 'O Còre
Lo Scroto / Le Palle = 'A Guàllera, 'E Ppalle
Il Fegato = 'O Fècato
Le Reni = 'E Rine
L'ano = 'O Fetìllo
Il Pene = 'O Pesce, 'O Cazzo
La Vagina = 'A Fessa, 'A Pucchiàcca
Il Clitoride = 'O Centrìllo
I Peli = 'E Pile
I Capelli = 'E Capìlle
Il Culo = 'O Culo, 'O Mazzo

'o culo
IL CULO
the bottom

Dalla Smorfia: 16, 'o culo

Il Gluteo = 'A Chiàppa
L'intestino = 'E Stentìne
L'alluce = 'O Retòne
Il Mignolo = 'O Retìllo
La Caviglia = 'O Cannièllo
Il Polmone = 'O Premmòne
La Pelle = 'A Pella
Il Naso = 'O Naso
La Narice = 'A Nasèrchia

Il Sangue = 'O Sànghe

Adesso passiamo a un po' di frasi ed espressioni tipiche, che si riferiscono alle suddette parti del corpo.

'Me fa male 'a **capa**
Mi fa male la testa

Tengo 'o male 'e **panza**
Mi fa male la pancia

'Te rongo 'nu càvece 'n **culo***!*
Ti do un calcio in culo!

Puòzz ittà 'o **sànghe***!*
(imprecazione) lett. Possa buttare il sangue!

Ma che belli **zzizze** *ca tiène!*
Ma che bei seni che hai!

M'aggia abbuffàto 'a **guàllera***!*
Mi sono rotto le palle! (lett. Mi sono gonfiato le palle)

Tengo 'nu **pesce** *tanto…*
Ho un pene così… (alludendo a dimensioni notevoli)

Sì 'o **core** *mijo…*
Sei il mio cuore… (tipica frase d'amore / affetto)

Che belli **ccosce** *'ca tene chella fèmmena!*
Che belle gambe che ha quella donna!

157

*T'aggia fà 'nu **mazzo** tanto!*
Ti devo fare un culo così! (minaccia)

*Uà e che **culo**, è pigliàto 'o terno!*
Caspita! Che fortuna, hai preso il terno al Lotto!

*'A **fessa** 'e màmmeta!*
La vagina di tua madre! (insulto)

Esercizi

15. Traduci le seguenti parole...

La Bocca =
Il Pene =
La Vagina =
Le Gambe =
Il Collo =
La Pancia =
Gli Occhi =
Le Mani =
I Piedi =
La Testa =
I Seni =
Il Sedere =
Il Cuore =
Lo Scroto =

Soluzioni

Esercizio 15

La Bocca = 'A Vocca
Il Pene = 'O Pesce
La Vagina = 'A Fessa
Le Gambe = 'E Ccosce
Il Collo = 'O Cuòllo
La Pancia = 'A Panza
Gli Occhi = Ll'uòcchie
Le Mani = 'E Mmàne
I Piedi = 'E Pière
La Testa = 'A Capa
I Seni = 'E Zzizze
Il Sedere = 'O Mazzo
Il Cuore = 'O Core
Lo Scroto = 'A Guàllera

I segreti svelati in questo capitolo

. Se un uomo a Napoli presta troppe attenzioni alle grazie delle donne, può essere definito "rattùso".

. A Napoli *'e ccosce* vengono chiamate in generale le gambe, senza distinzione tra gamba e coscia.

. In napoletano pelle si dice "pella" e con questo nome viene indicato anche l'atto sessuale: *m'aggia fatto 'na granda pella* (mi sono fatto una grande scopata).

. Diverse parti del corpo sono citate nella Smorfia napoletana, come *'e zzizze* (i seni, numero 8), *'a vocca* (la bocca, numero 80) e *'o culo* (il deretano, numero 16).

14. LA CASA: 'A CASA

Oggi parliamo della casa, delle stanze e di tutte le parti che compongono l'abitazione per i napoletani.

Dunque, come è composta l'abitazione di un napoletano? Dalle seguenti stanze...

'A Stanz 'e Liètto = La Camera da Letto
'O Cess / 'O Bagno = Il Bagno
'A Stanz 'e Pranzo = La Camera da Pranzo
'O Salòtto = Il Salotto
'O Salòne = Il Salone
'A Cucìna = La Cucina
'O Stanzìno = Il Ripostiglio / Lo Sgabuzzino
'A Stanzètta / 'A Càmmera d'è Criatùre = La Camera dei Bambini / La Cameretta
'O Curridòjo = Il Corridoio

E poi ci sono...

L'Andròne d'ò Palazzo = L'Androne
'O Curtìle = Il Cortile
L'Àsteco = L'attico
'O Terràzzo = Il Terrazzo
'O Barcòne = Il Balcone
'A Fenèsta = La Finestra
'O Purtòne = Il Portone
'O Purtuncìno = Il Portoncino
'A Scensòre = L'Ascensore
'O Ciardìn = Il Giardino

'A Cantìna = La Cantina
'O Puzz = Il Pozzo
'E Scale = Le Scale
'A Scalinàta = La Scalinata
'A Funtàna = La Fontana
'A Piscìna = La Piscina
'O Parchèggio = Il Parcheggio

In merito alle tipologie di casa…

'O Vascio = Il Basso
'A Villa = La Villa
'O Quart = L'appartamento
'O Quartìn = Piccolo Appartamento / Appartamentino
'O Palazz = Il Palazzo
'O Palazzièll = Il Palazzetto

Nota: A Napoli la "villa comunale" è il principale parco pubblico della città e costeggia il mare.

Vista aerea della Villa Comunale di Napoli

E adesso passiamo in rassegna un po' di frasi in cui citeremo gli ambienti e le parti della casa napoletana.

*Mammà, m'aràpe nu poco 'o **purtòne?***
Mamma, mi apri gentilmente il portone?

*'A No', me può acalà nu poco 'o panière acòpp 'o **barcòne?***
Nonna, mi puoi calare gentilmente il paniere dal balcone?

*Gennà, può piglià nu poco 'o ssale 'nta **cucina?***
Gennaro, puoi prendere gentilmente il sale in cucina?

*Peppì, 'me sto' pisciànno sotto, aràpe nu poco stu **cesso!***
Peppino, mi sto facendo la pipì addosso, apri per favore il bagno!

*Mammà, è sistemàto 'a **stanza 'e liètto?***
Mamma, hai sistemato la camera da letto?

*On Michè, me putìte pulizzà 'o **ciardino?***
Signor Michele, mi può pulire il giardino?

*Maro', s'è bluccàta n'ata vota 'a **scensòre!***
Madonna, si è bloccata di nuovo l'ascensore!

*Marì, affàcciate nu poco acopp 'a **fenèsta!***
Maria, per favore, affacciati alla finestra!

*'O No', può ascì nu poco fore 'o **barcòne?***
Nonno, puoi uscire un attimo sul balcone?

Nota: Come avrai notato, in napoletano si usa molto l'allocuzione "**nu poco**" nelle richieste, per conferire alla frase un tono di gentilezza e non farla intendere come un ordine.

Esercizi

16. Traduci le seguenti parole...

La cucina =
Il bagno =
L'ascensore =
Lo sgabuzzino =
La cameretta =
La camera da letto =
Il balcone =
La finestra =
Il giardino =
Il portone =
L'attico =
Il basso =
L'appartamento =
L'appartamentino =

Soluzioni

Esercizio 16

La cucina = 'a cucìna

Il bagno = 'o bagno / 'o cesso

L'ascensore = 'a scensòre

Lo sgabuzzino = 'o stanzìno

La cameretta = 'a stanzètta / 'a càmmera d'è criatùre

La camera da letto = 'a càmmera 'e liètto

Il balcone = 'o barcòne

La finestra = 'a fenèsta

Il giardino = 'o ciardìno

Il portone = 'o purtòne

L'attico = l'àsteco

Il basso = 'o vascio

L'appartamento = 'o quàrto

L'appartamentino = 'o quartìno

I segreti svelati in questo capitolo

. 'O vàscio (il basso) è una tipica abitazione napoletana, composta da uno o più locali accessibili direttamente dalla strada. Il basso è sempre stato ritenuto un'abitazione di modesto profilo, tanto che la donna che abitava il basso veniva detta con disprezzo *"vasciajòla"*, nel senso dispregiativo di cafona. Difatti, i signori abitavano nei "quarti" del palazzo e il popolino affollava i bassi, al piano terra, fronte strada. Spesso, le famiglie che abitavano nei bassi erano piuttosto numerose e i relativi membri dovevano giocoforza convivere in pochi metri quadrati, spesso, addirittura, all'interno di un locale unico.

. 'O vico (il vicolo), spesso, a Napoli diventa parte della casa, proprio perché gli abitanti dei bassi, vi si riversano direttamente e data la proverbiale socialità dei napoletani, questo spazio urbano, benché strada, diventa una sorta di salotto comune.

. Tipico di Napoli, sono i panni stesi nei vicoli. Stendere i panni in questo modo era quasi un'esigenza, in quanto i vicoli stretti erano piuttosto bui e le case, d'inverno, erano scarsamente riscaldate e areate, nonché generalmente umide. Da qui, l'usanza di stendere un filo da un lato all'altro del vicolo, tra due palazzi dirimpettai, e stendervi i panni da asciugare.

15. I SALUTI

Oggi parliamo di come i napoletani si salutano tra loro.

Partiamo da un livello informale, l'equivalente del "**ciao**" italiano. Beh, in napoletano non si usa il ciao per salutare un amico o un conoscente quando lo incontri, bensì questi si saluta con un "uè" seguito dal nome della persona incontrata. Ma facciamo un esempio: Ciro e Paolo sono amici e si incontrano, come ogni mattina, al bar...

Ciro: Uè Pa'
Paolo: Uè Cirù, tutt'appòst?

Equivale all'italiano...

Ciro: Ciao Paolo!
Paolo: Ciao Ciro, tutto bene?

Se, invece, Ciro incontra una persona anziana con cui non ha confidenza, oppure un suo superiore al lavoro, potrebbe rivolgersi così...

Ciro: Don Luigi...
Luigi: Uè Cirù, tutt'appòst?

Oppure...

Ciro: Bongiòrno Don Lui'
Luigi: Uè, bongiòrno Cirù, comme jamme?

Che equivale a...

Ciro: Buongiorno Signor Luigi
Luigi: Ei, buongiorno Ciro, come andiamo?

Dunque, se incontri un amico puoi salutarlo con un semplice **Uè**, se incontri una persona con cui non hai confidenza o saluti un estraneo, mantieniti su un più formale **bongiòrno** o **bona jurnàta** o **bonnì**.

Ad esempio, Michele saluta sua suocera:

Michele: Bona jurnàta, Donna Luci'
Lucia: Bongiòrno Miche'

Un altro modo per salutare un amico che si incontra, o un conoscente, è anche chiamarlo semplicemente per nome, tipo:

Ciro: Simo'!
Simone: Uè Ciro!

E, invece, come saluto di commiato?

Beh, in questo caso il napoletano usa il ciao ma nella forma abbreviata **cia'**, in caso di confidenza, anche ripetuto due volte.

Ad esempio, due colleghi si salutano, prima di tornare a casa...

Guido: Cia' Carminie'
Carmine: Cia' cia' Gui'

In caso di non confidenza, invece, meglio optare per il più formale arrivederci, che si può tradurre in napoletano con:

Ce verìmmo (ci vediamo) o **stàtte bbuòno** (statti bene).
Ovviamente, **stàtte bbuono** implica l'uso del tu e, quindi, un certo grado di confidenza; ma se questa confidenza non c'è, meglio usare il "voi" e dire **stàteve bbuono**.

E di sera o di notte? Beh, ci sono gli equivalenti delle espressioni italiane buonasera = **bonasèra** e buonanotte = **bonanòtte**. Più raramente si dice, anche, **bona nuttàta**.

Ma oltre ai saluti in senso stretto, a cui aggiungiamo anche le espressioni **salve, salute** e **saluti,** parliamo anche delle frasi di cortesia che generalmente vi si accompagnano.

Molto usato è il **"comme jamme?"**, che sta per "come va?". Questa espressione va bene sia con il tu che con il voi.

Altrettanto comune è l'espressione **"tutt'appòst?"**, che nello slang giovanile diventa anche **t'appòst fra'** (tutto apposto, fratello?). Nello slang giovanile si usa anche il **cia' fra'**, per salutare una persona che si incontra.
A volte capita che non ci ricordiamo il nome di una determinata persona e in quel caso il napoletano ovvia con espressioni tipo:

Cia' compà / Uè compa' = ciao compare

173

Cia' cumparie' / Uè cumparie' = ciao compariello

Molto slang sono anche:
Uè cumpàgn mij (Ciao amico mio)
Uè fràtemo! (Ciao fratello mio)
Cia' frate' (Ciao fratello)

Infine, come saluto, si usa anche, benché piuttosto demodé oggi, l'evergreen "**guagliò**" (plur. **guagliù**), ossia ragazzo/ragazzi, che fa molto Pino Daniele. Per i più piccoli, valga il diminutivo **guagliuncie'** (ragazzino/i).

Se, invece, ti vuoi rivolgere a qualcuno con tono aggressivo allora dirai " **'o fra'!**" oppure " **'a so'!**". Se, invece, vuoi proprio litigare (meglio di no...), puoi dire **'o sce'** (scemo).

Se, infine, vuoi richiamare l'attenzione di qualcuno che non conosci, potrai usare le seguenti espressioni:

Capo!
Giovane!
Giuvino'! (giovanotto)
Signuri' (signorina)
Signò (Signora)

Una volta richiamata l'attenzione di qualcuno mediante i suddetti appellativi, è bene seguire con un cordiale e cortese "scusate..." prima di porre un eventuale domanda o richiesta.

Ad esempio, al mercato: *Capo! Scusate, quanto fa stu jeans?*
174

Equivale a... Buonuomo, scusi, quanto costa questo jeans?

In pizzeria, invece, per richiamare l'attenzione di un giovane cameriere: *Giovane! Ce puort nu pare 'e birre?*

Insomma, i modi sono tanti, basta adoperare sempre le buone maniere.

Esercizi

17. Traduci in napoletano...

Ciao fratello, tutto apposto?

Ciao compare, come andiamo?

Buonuomo, quanto costa questa maglietta?

Signora, mi fa un bel panino?

Arrivederci signora Assunta, buonanotte.

Soluzioni

Esercizio 17

Ciao fratello, tutto apposto?
Uè fra', t'appost?

Ciao compare, come andiamo?
Uè compà, comme jamme?

Buonuomo, quanto costa questa maglietta?
Capo, quant cost sta maglietta?

Signora, mi fa un bel panino?
Signo', me facìte 'nu bellu panino?

Arrivederci signora Assunta, buonanotte.
Stàteve bbona onn'Assu', bònanotte.

I segreti svelati in questo capitolo

. In napoletano ci sono tanti modi per salutarsi: il saluto migliore da usare dipende dalla circostanza e dalla confidenza che si ha con una determinata persona.

. I napoletani sono molto cordiali e affettuosi ma attenzione a non prendersi la confidenza quando non è il caso, potrebbero offendersi.

. Il ciao in genere viene sostituito dal *uè*. *Cia'* si usa più come commiato. I giovani, invece, usano *cia'* anche come saluto quando ci si incontra.

. Se si conosce il nome di una persona, la si può anche salutare incontrandola, invocandone il nome, tipo: Anto'!

. Quando un napoletano saluta qualcuno di cui non ricorda il nome, usa formule affettuose come: *compà, fra', frate'*.

. Per chiamare gli estranei, sono molto diffuse le formule: capo, signo', signuri', giovane, giuvino', guaglio', guagliuncie'.

16. I NOMI

In questo capitolo, ti parlo dei **nomi di persona in napoletano** e di quali sono quelli più comuni. Oltre ai nomi, per curiosità, ti dirò anche quali sono i cognomi più diffusi.

Dunque, partiamo dalla top 20 dei nomi di persona più diffusi a Napoli e di come di traducono.

1) **Antonio**
È il nome più diffuso, in assoluto, a Napoli ed è il nome di Totò, Antonio de Curtis, il principe della risata. Chi si chiama all'anagrafe Antonio, viene chiamato Anto', Antuòno, 'Ntuò, Totò, Totònno, Tonino, Tunino, 'Ntuòno, Antonino.

2) **Maria**
È il nome femminile più diffuso, in onore alla Madonna. Il suo diminutivo è Mari' ma viene usato anche Mariùccia, Mariù, Marittèlla, Maruzzèlla. Tra i vip napoletani con questo nome possiamo citare la cantante Maria Nazionale.

3) **Giuseppe**
Secondo nome maschile più diffuso è quello del papà di Gesù. I suoi diminutivi sono Pe', Peppe, Peppìno, Pino, Pinuccio, Pinù, Peppinièllo. Da ricordare il cantante Pino Daniele e l'attore Peppino de Filippo. Nota: a Napoli non si usa Beppe.

4) Vincenzo

Il classico diminutivo di Vincenzo è Enzo con il suo diminutivo Enzùccio e Enzù. Altrimenti si dice Veciènzo o Veciè. Citiamo i vip Vincenzo Salemme, attore, ed Enzo Avitabile, cantante e musicista.

5) Anna

Chi si chiama Anna, viene chiamata anche Annarèlla, Annìna, Annùccia. Citiamo Anna Tatangelo, nativa di Sora ma napoletana d'adozione.

6) Francesco

Chi si chiama così, molto probabilmente a Napoli viene chiamato Ciccio, Cicciùzzo, Ciccìllo, Franco, Francùccio, Francìsco, Francischièllo, Francè, Fra'. Citiamo l'attore comico Francesco Paolantoni.

7) Salvatore

Chi si chiama così può essere detto Sasà, Salvo, Salvio, Salvato', Tore, Totòre, Tatòre, Totò. Ricordiamo i celebri Salvatore Ferragamo, stilista e Salvatore Di Giacomo, poeta e drammaturgo.

8) Luigi

Chiamato anche Gigi, Giggìno, Gigio, Gigiòtto, Gino, Ginùzzo, Luì. Menzioniamo il cantante Gigi D'Alessio e il politico Luigi Di Maio.

9) Giovanni

Detto anche Giuvànne, Gianni, Giuànn, Giannìno, Vanni, Nanni, Nino. Con questo nome, citiamo lo speaker Gianni Simioli e il cantante neomelodico Gianni Fiorellino.

10) Pasquale

Detto anche Pascàle, Pascà, Pasqualino, Paco, Lino, Linuccio. Ricordiamo l'ex calciatore Pasquale Luiso, attaccante del Piacenza, del Vicenza e della Sampdoria.

11) Raffaele

Detto Rafè, Rafèle, Rafaèle, Rafilùccio, Filùccio, Lello, Lellùccio e Papèle. Ricordiamo il comico Lello Arena.

12) Gennaro

San Gennaro è il patrono di Napoli e, pertanto, uno dei nomi maschili più diffusi. Detto anche Gennà, Gennarìno, Rino, Genny, Ge'. Citiamo il calciatore Gennaro Tutino.

13) Ciro

Nell'immaginario collettivo, forse, Ciro è il nome napoletano per antonomasia. Detto anche Cirùzzo, Cerùzzo, Ciritièllo, Girùzzo, Gerùzzo. È il soprannome "onorifico" affibbiato affettuosamente al belga Mertens dai tifosi del Napoli e il nome dell'ex calciatore Ciro Ferrara.

14) Mario

Detto anche Mariùccio, Mariettièllo. Da ricordare il grande Mario Merola, il re della sceneggiata, e uno dei personaggi dello spettacolo più amati dal popolo napoletano.

15) Domenico

Chi si chiama così viene detto anche Domè, Dumè, Mimmo, Mimmùccio, Mimmùzzo, Minicùccio, Mimì, Mino, Minùccio, Minù. Ricordiamo il musicista Domenico Cimarosa.

16) Carmela

Detta anche Carme', Carmen, Carmèlina, Melìna, Lina, Linùccia, Mela, Mammèla, Mammelèlla: Carmela. Questo nome ci riconduce a una celebre canzone di Sergio Bruni.

17) Michele

Detto anche Miche', Michelùccio, Michelìno, Michelì, Micaèle, Micaè.

18) Rosa

Detta anche Rosètta, Rosìna, Rusìna, Rusinèlla, Rosì, Rosè, Rosi, Rusèlla.

19) Carmine

Detto anche Carminièllo, Carminùccio, Caminù, Carmeniè.

20) Giuseppina

Chi si chiama così, quasi sempre viene detta Giusy, Pina Pinùccia o in dialetto Giusuppìna.

Ma molti di più sono i nomi napoletani degni di essere menzionati. Ti propongo subito una ricca lista!

Aitàno; Gaetano
Alisàndro: Alessandro
Austìno: Agostino
Bartilùccio: Bartolo
Bastiàno o Vastiàno: Sebastiano
Benerìtto: Benedetto
Bennàrdo: Bernardo
Biàse: Biagio
Biatrìce: Beatrice
Brìzzida o Brizzidèlla o Prezzetèlla: Brigida
Cannetèlla: Candida
Carluccièllo: Carlo
Catièllo: Catello
Catìna: Catia
Carulìna: Carolina
Catarìna: Caterina
Cicìlia: Cecilia
Chiarèlla: Chiara
Crabbièle: Gabriele
Cremènte: Clemente
Crementìna: Clementina
Cretèlla: Greta
Crotìrda: Clotilde
Cuncètta: Concetta
Curràdo: Corrado
Cusumièllo: Cosimo
Custantìno: Costantino
Custànza: Costanza

Custavièllo: Gustavo
Cristòfero: Cristoforo
Dunàte: Donato
Edmùnno: Edmondo
Etuàrdo o Tuàrdo: Eduardo
Ervìra: Elvira
Erricùccio: Enrico
Eràsemo: Erasmo
Fechièllo: Federico
Frabbrìzio: Fabrizio
Felicièllo: Felice
Fonzo: Alfonso
Furtunàto: Fortunato
Fuschìllo: Fosco
Gaspàrro: Gaspare
Giltrùta: Geltrude
Gilàrdo: Gerardo
Giròlamo: Gerolamo
Giacchìno: Gioacchino
Giurìtta: Giuditta
Grazièlla o Razièlla: Grazia
Guglièrmo: Guglielmo
Itarèlla: Ida
Ignazièllo o Gnàzio : Ignazio
Iraldìno: Orlando
Janculèlla: Bianchina
Lazzarièllo: Lazzaro
Liunàrdo: Leonardo
Lipòrdo: Leopoldo
Lutuvìco: Ludovico
Lurènzo: Lorenzo

Lucarièllo: Luca

Luisìna o Luisèlla: Luisa

Matalèna: Maddalena

Mafardìna: Mafalda

Manuèlo: Emanuele

Marcùccio: Marco

Margarìta: Margherita

Matìrda: Matilde

Mattiùccio: Matteo

Maurièllo o Maurìno: Maurizio o Mauro

Mena o Mimma: Domenica

Nandièllo: Ferdinando

Natalìno: Natale

Niculètta o Culètta: Nicoletta

Nofrio: Onofrio

Nunziàto: Nunzio

Olghìna: Olga

Parmetèlla: Palma

Paulùccio: Paolo

Piùccio: Pio

Petrùccio: Pietro

Rachilìna: Rachele

Riggìna o Riginèlla: Regina

Retèlla o Ritùccia: Rita

Rodòrfo: Rodòlfo

Straillàno: Stanislao

Suèle: Samuele

Sufièla o Zufia: Sofia

Tunnulèlla: Tecla

Tummàso: Tommaso

Tubbìa: Tobia.

185

Nota: A Napoli, quando in dialetto si chiama una persona per nome, si usa, spesso, anteporre al nome abbreviato, l'articolo **'o** oppure **'oi**. Se, ad esempio, vuoi chiamare un Ciro, puoi dire **'oi Ci'**, oppure **'oi Marì** per Maria. In alcune zone, si usa anche anteporre al nome **uè**, tipo **uè Pe'**, per chiamare, ad esempio, un Peppe o Peppino.

16.1. I Cognomi più diffusi

Quali sono i **10 cognomi più diffusi a Napoli?**

Beh, al primo posto troviamo, ovviamente, il cognome napoletano per eccellenza, ossia **Esposito**, che appartiene a quella categoria di cognomi italiani che di norma venivano assegnati ai trovatelli, ossia i bambini rifiutati alla nascita dai genitori naturali e abbandonati nella **ruota degli esposti**. L'origine etimologica del cognome Esposito proviene, infatti, dalla parola latina *expositus*, ossia **"esposto"**, cioè messo nella ruota degli esposti. Quest'ultima, tuttora visibile presso la parete esterna dell'Ospedale dell'Annunziata di Napoli, era destinata ad accogliere tutti i bambini abbandonati dalle madri.

La Ruota degli Esposti, vista dall'interno

I bambini venivano, dunque, affidati (esposti) alla misericordia della Madonna dell'Annunziata. Il primo

187

Esposito della storia, fu registrato presso l'Ospedale dell'Annunziata il 1° gennaio 1623. La ruota funzionò fino al 1875, quando fu chiusa, ma i bambini continuarono ad essere accolti nel brefotrofio fino al 1980.

Nonostante la sua presenza sia concentrata soprattutto a Napoli e in Campania, dov'è il primo in assoluto, il cognome Esposito risulta essere il decimo per diffusione a livello nazionale. Sono più di 23.000, infatti, le famiglie italiane che hanno questo cognome.

Tornando alla Top 10 dei cognomi più diffusi a Napoli, seguono: **Russo, Romano, De Rosa, De Luca, Coppola, Varriale, Riccio, Marino** e, infine, **Ruggiero.**

Esercizi

18. Traduci in italiano i seguenti nomi...

Aitàno =

Retèlla =

Lipòrdo =

Fechièllo =

Gilàrdo =

Fonzo =

Filùccio =

Ciccìllo =

Gerùzzo =

Totò =

Mimì =

Soluzioni

Esercizio 18

Aitàno = Gaetano
Retèlla = Rita
Lipòrdo = Leopoldo
Fechièllo = Federico
Gilàrdo = Gerardo
Fonzo = Alfonso
Filùccio = Raffaele
Ciccìllo = Francesco
Gerùzzo = Ciro
Totò = Antonio o Salvatore
Mimì = Domenico

I segreti svelati in questo capitolo

. Il cognome più diffuso a Napoli è Esposito, che etimologicamente deriva dalla parola latina *expositus*, ossia "esposto", cioè messo nella *ruota degli esposti*, tuttora visibile presso la parete esterna dell'*Ospedale dell'Annunziata* di Napoli. Essa era destinata, appunto, ad accogliere tutti i bambini abbandonati dalle madri.

. Antonio è il nome più diffuso, in assoluto, a Napoli ed è il nome di Totò, Antonio de Curtis, il principe della risata. Chi si chiama all'anagrafe Antonio, può essere chiamato anche Anto', Antuòno, 'Ntuò, Totò, Totònno, Tonino, Tunino, 'Ntuòno, Antonino.

. A Napoli, quando in dialetto si chiama una persona per nome, si usa, spesso, anteporre al nome abbreviato, l'articolo 'o oppure 'oi. Se, ad esempio, vuoi chiamare un Ciro, puoi dire 'oi Ci', oppure 'oi Marì per Maria. In alcune zone, si usa anche anteporre al nome uè, tipo uè Pe', per chiamare, ad esempio, un Peppe o Peppino.

17. I MODI DI DIRE

I modi di dire popolari dicono tanto della cultura di un posto e Napoli è ricchissima di adagi, più o meno coloriti e divertenti. Passiamone subito in rassegna un po', con i relativi significati.

Gesù Cristo rà 'o ppane a chi nun tène 'e rient (Gesù da il pane a chi non ha i denti): La fortuna capita a chi non sa sfruttarla.

A lavà 'a capa 'o ciùccio se perde l'acqua e 'o sapòne (A lavare la testa all'asino si perdono acqua e sapone): Parlare con gli ignoranti è solo una gran perdita di tempo.

Fernì a mmare cu tutt 'e pann (Finire in mare ancora vestito): Cadere in disgrazia.

L'ùrdema mattunèlla rò cesso (L'ultima mattonella del bagno): Colui che non conta niente.

Fà 'a recòtta (Fare la ricotta): Oziare tutto il giorno e per lunghe ore.

Addò sperdettèno a Gesù Cristo (Dove lasciarono Gesù Cristo): Luogo difficile da raggiungere.

'O guàppo 'e cartòne (Pallone gonfiato): Colui che vuole a tutti i costi ostentare doti che in realtà non possiede

Rà è carte ra mùseca mman ò barbiere, 'e lanterne mman 'e cecat (Dare uno spartito in mano a un barbiere e una lanterna nelle mani di un cieco): Dare a qualcuno un oggetto che non sa utilizzare o un compito di cui non ha competenze.

Cù na man annanz e nata arrèt (Con una mano avanti e un'altra dietro): Colui che resta deluso dalle situazioni e rimane fregato.

Perdere a Filippo e 'o panàro (Perdere sia Filippo che il cesto): Essere indeciso tra due cose e perderle entrambe.

Frìere 'o pesce cu l'acqua e fà e nozze che' fiche secche (Friggere il pesce con l'acqua e fare le nozze con i fichi secchi): Ottenere il massimo da ogni situazione.

Vulè ò cocco ammunnàto e bbuòno (Volere il cocco sbucciato e saporito): Volere tutto bello e pronto.

A copp Sant'Elmo vò piglià 'o purpo a mmare (Da Castel Sant'Elmo vuoi pescare un polpo a mare): Aspirare a un'impresa impossibile come pescare un polipo da una collina.

Acquaiò, l'acqua è fresca? (Acquaiolo, l'acqua è fresca?): Fare una domanda inutile, dalla risposta scontata.

Pare 'a nave 'e Francischièllo, A pupp cumbattèvano e a prora nunn o ssapèvano (Sembra la nave di Francischiello, dove a poppa combattevano ma a prua nessuno lo sapeva): Fare le cose senza un minimo di organizzazione.

Nun sape tenè trè cìcere mmòcca (Non sa tenere tre ceci in bocca): Di persona che non riesce a mantenere un segreto.

Jètta 'a pretella e nascònne 'a manèlla (Getta la pietra e nasconde la mano): Non assumersi le responsabilità delle azioni commesse, fare il finto tonto.

Pure 'e pùllece tèneno 'a tosse (Anche le pulci hanno la tosse): Riferito a chi non conta a niente ma vuole dire comunque la sua e parla a sproposito.

Fà 'a fine re tracc (Fare la fine dei tracchi/petardi): Fare tanto rumore per niente.

'O barbière te fa bello, 'o vino te fa guàppo, 'a fèmmena te fa fesso (I Barbiere ti fa bello, il vino gradasso e la donna scemo): Le donne comandano sempre.

'A carna a sott e i maccarùn a copp (La carne sopra e i maccheroni sopra): Riferito alla pasta al ragù e a cose che vanno al contrario.

'A votta chièna e 'a muglièra 'mbriàca (La botte piena e la moglie ubriaca): Pretendere troppo.

Tène 'a capa pe' spàrtere 'e rècchie (Ha la testa per dividere le orecchie): Riferito a persona ottusa.

A murì pe' campà (Devi morire per vivere): Sei una persona inutile.

Fa' 'o scem pe' nun ij 'a 'uerra (Fa lo scemo per non andare in guerra): Fare il finto tonto.

Fa' fesso 'o pensièro (Fare fesso il pensiero): Prendersi in giro da solo.

Scem 'e 'uerra (Scemo di guerra): Riferito a uno stolto.

Fa 'a fine 'e Fetacchièllo (Fare la fine di Fetacchiello): Fallire clamorosamente.

Ogne scarrafône è bello a mamma soja (Ogni scarafaggio per sua madre è bello): Chiunque, per quanto poco attraente, è bello agli occhi della propria madre. Un modo di dire reso famoso dalla nota canzone di Pino Daniele, intitolata "*'O scarrafône*".

Anièllo ca nun se pava nun se stima (Anello che non si paga non viene valutato a dovere): Un bene di valore, che si ottiene in regalo, quindi senza sforzo, non si apprezza, si tiene in poco conto proprio perché ottenuto facilmente.

L'amico è comme' 'o 'mbrello quannno chiove nun o truove maje (L'amico è come l'ombrello: quando serve non lo trovi mai): Come dire, gli amici veri si vedono nel momento del bisogno.

'A meglia paròla è chella ca nun se dice (La parola migliore è quella che non si dice). La parola migliore è quella che non si dice. Sottolinea quando il silenzio a volte, sia necessario e di gran lunga migliore di discorsi avventati.

196

Pe' n'àcino 'e sale se perde 'a menèsta (Per un chicco di sale va a male la minestra): Tipo, la goccia che fa traboccare il vaso.

Manca sempe nu centèsimo p'apparà 'a lira (Manca sempre un centesimo per raggiungere una lira): Quando non si raggiunge un obiettivo per un soffio.

'A Lira fa 'o ricco, 'a crianza fa 'o signòre (La Lira rende ricchi, l'educazione rende signori): Come a dire, i soldi non rendono "signori".

'Ntiempo 'e 'uerra, ogne buco è pertùso (In tempo di guerra ogni buco è rifugio): Con riferimento sessuale, in tempi di magra, va bene tutto.

Chi pecòra se fa, 'o lupo sa magna (Chi si fa pecora, viene mangiato dal lupo): Nella vita bisogna farsi forti per non essere prevaricati dagli altri.

Cu l'èura moscia ce se pulèzza 'o culo (Con l'erba morbida, ci si pulisce il culo): Nel senso che nella vita bisogna essere forti.

'A vita è n'apertura 'e cosce e ' na chiusura 'e cascia (La vita è un'apertura di gambe e una chiusura di tomba): Questo cinico aforisma si riferisce alla vacuità della vita, che inizia con un rapporto sessuale e termina con la bara.

Dicètte 'o pàppice vicino a' noce, chiàn chiàn te spertòse (Disse il tarlo alla noce, piano piano ti perforo): Tipo, a goccia a goccia si fece il mare…

Chi nun sente a mamma e pate va a murì addò nun sape (Chi non ascolta madre e padre, non si sa dove muore): In riferimento all'importanza dei consigli genitoriali.

A chi parla arrèt, 'o culo 'o rispònne (A chi parla dietro le spalle, gli risponde il culo): Cioè, non bisogna parlare alle spalle della gente.

'A còllera è fatta a cuòppo, chi s'a piglia schiatta 'ncuòrpo (La rabbia è come un cono di carta, chi se la prende muore dentro): È un proverbio che esprime bene la condizione del'iroso, che prima scoppia e dopo si affloscia facendo del male anche a se stesso.

Chillo chiàgne e fotte (Quello piange e fotte): tipo pianto propiziatorio.

Chi chiàgne, fotte a chi rire (Chi piange frega chi ride): Si riferisce al fatto che chi piange sempre suscita pietà negli altri e ne riceve aiuto, mentre una stessa persona che affronta i guai col sorriso non chiede nulla agli altri.

'O ciùccio nun po' addiventà cavàllo (Un asino non può diventare un cavallo). Come a dire, se si è stupidi, non si può diventare furbi.

Chi nasce afflìtto, more scunzulàto (Chi nasce pessimista, muore senza consolazioni): È un bel proverbio che invita tutti a prendere in maniera positiva la vita, perché in caso contrario, non possiamo aspettarci di essere felici.

Ca' vocca chiusa, nun tràseno 'e mosche (Con la bocca chiusa, non entrano le mosche): Cioè, a volte è meglio stare zitti che parlare a sproposito.

Na cosa è 'a micìzia, na cosa è 'a sfaccìmma ra cunferènza (Una cosa è l'amicizia, altra cosa è la confidenza): Non bisogna approfittare degli amici.

Nota: Sfaccìmma letteralmente significa sperma, ma nel napoletano è un'imprecazione molto comune.

'A cunferènza è padròna r'a malacriànza (La confidenza è padrona della maleducazione): Non bisogna abusare della confidenza sennò si risulta maleducati.

Chi è chiù bell 'e te sé pitta (Chi è più bello di te si trucca): Diffida dall'apparenza e non credere che gli altri siano migliori di te, sei tu il migliore.

Chi nun tene curàggio, nun se cocca cu 'e fémmene belle (Chi non ha coraggio, non va a letto con le belle donne): come a dire, chi non risica, non rosica.

Meglio nu ciùccio vivo, ca nu duttòre muòrto (Meglio un asino vivo, che un dottore morto): Meglio agire e magari sbagliare, che parlare e non fare niente.

'O ciùccio viècchio, more a casa ro padròne (L'asino vecchio, muore a casa del padrone): Significa che non bisogna puntare sulle cose troppo vecchie e malconce, dato che se compri un asino vecchio, ti morirà di lì a breve.

'Nu maccaròne vale chiù 'e ciento vermicièlli (Un maccherone vale più di cento vermicelli): Una persona valida, vale più di cento inutili.

Arrubbà 'a casa ro' mariuòlo (Rubare a casa del ladro): Non puoi fregare chi è più furbo di te.

'E chiàcchiere s'è porta 'o viènto, 'e maccarùne règneno 'a panza (Le chiacchiere le porta via il vento, mentre i maccheroni riempiono lo stomaco): Le parole stanno a zero...

'E sorde fanno venì 'a vista 'e cecàte (I soldi fanno tornare la vista ai ciechi): I soldi fanno miracoli.

Quann 'o mare è calmo, ogne strunz è marenàro (Quando il mare è calmo, ogni inetto è marinaio): Quando le cose vanno bene, siamo tutti bravi, ma le vere capacità si vedono nei momenti difficili.

Storta va e derìtta vene (Storta va e diritta viene): Le cose si aggiustano sempre.

Se chiùre 'na porta, s'aràpe 'nu purtòne (Si chiude una porta, si apre un portone): Tipo, non tutti i mali vengono per nuocere.

Frìje 'e pisce e guàrda 'a jatta (Friggi il pesce ma guarda la gatta): Goditi quello che hai ma non abbassare mai la guardia.

'O ciùccio chiamma recchie longhe 'o cavàllo (L'asino prende in giro il cavallo per le sue lunghe orecchie): Tipo, da che pulpito viene la predica.

200

Dicètte 'o puòrco all'àseno: tenìmmece pulìte! (Il porco disse all'asino, restiamo puliti): Un po' come sopra…

Attàcca 'o ciùccio addò va 'o padròne (Lega l'asino dove vuole il padrone): Fai quello che vuole chi comanda.

Quann 'o perùcchio saglie n'gloria, perde 'a scienza e 'a memoria (Quando il pidocchio sale in gloria, perde la ragione e la memoria): Tipo, quando il miserabile arriva al successo, poi di dimentica degli amici…

Nun sputà n'cielo ca te torna n'faccia (Non sputare in cielo, che ti ritorna in faccia): Non bestemmiare o comunque non fare del male perché ti ritorna, tipo karma.

'O pesce feta r'a capa (Il pesce puzza dalla testa): Quando qualcosa non va, la colpa è di chi comanda.

'O sparàgno nun è maje guaràgno (Il risparmio non è mai guadagno): Cioè, risparmiare non sempre paga.

'A gallìna fa ll'ove e 'o gallo c'abbrùca 'o mazzo (La gallina fa le uova e al gallo gli fa male dietro): Quando uno lavora con sacrificio e chi non fa nulla si lamenta per la fatica.

'Acqua ca nun cammìna, fa pantàno e feta (L'acqua stagnante, è putrescente e puzza): Non fidarsi di chi parla poco.

Ogni capa è tribunàle (Ogni testa è un tribunale): Ognuno vuole sempre dire la sua e giudicare.

'A jatta pe gghì 'e pressa, facètte 'e figlie cecàte (La gatta frettolosa fece i figli ciechi: Meglio fare le cose con calma perché la fretta è cattiva consigliera.

Tene' 'a cazzìmma (Avere la cazzìmma): La "cazzìmma" è un termine tipico, non direttamente traducibile in italiano, perché è una caratteristica piuttosto tipica di un certo tipo di napoletani. Non è facile definire il concetto di cazzìmma ma, con buona approssimazione, potremmo dire che è una sorta di furbizia o scaltrezza personale, ad ogni costo, anche maligna se serve ad ottenere un determinato scopo.

Aùmma aùmma - intraducibile- Fare qualcosa quatto quatto, ossia con qualche magagna.

Cuòncio cuòncio - intraducibile - Vai piano piano, fai con calma.

Esercizi

19. Dimmi il significato dei seguenti modi di dire...

Perdere a Filippo e 'o panàro =

Vulè ò cocco ammunnàto e bbuòno =

Nun sape tenè trè cìcere mmòcca =

Jètta 'a pretella e nascònne 'a manèlla =

Pure 'e pùllece tèneno 'a tosse =

Soluzioni

Esercizio 19

Perdere a Filippo e 'o panaro (Perdere sia Filippo che il cesto):
Essere indeciso tra due cose e perderle entrambe.

Vulè ò cocco ammunnàto e bbuòno (Volere il cocco sbucciato e
saporito): Volere tutto bello e pronto.

Nun sape tenè trè cìcere mmòcca (Non sa tenere tre ceci in bocca):
Di persona che non riesce a mantenere un segreto.

Jètta 'a pretella e nascònne 'a manèlla (Getta la pietra e nasconde
la mano): Non assumersi le responsabilità delle azioni
commesse, fare il finto tonto.

Pure 'e pùllece tèneno 'a tosse (Anche le pulci hanno la tosse):
Riferito a chi non conta a niente ma vuole dire comunque la
sua e parla a sproposito.

I segreti svelati in questo capitolo

. Per capire davvero la cultura e la filosofia dei napoletani, bisogna capire intrinsecamente i suoi detti e modi di dire.

. Come si evince dall'analisi dei detti partenopei, il napoletano è una persona ottimista ma al contempo diffidente e guardinga. Tendenzialmente, cerca di vedere sempre le cose in modo positivo ed è bravo ad arrangiarsi ma, essendo storicamente abituato alle dominazioni straniere e quindi a un potere avverso, per sopravvivere ha anche imparato, in caso di necessità, a campare di espedienti o, addirittura, a fregare il prossimo, per cui egli stesso è diffidente e ha paura di essere fregato dall'altro. Ovviamente, non generalizziamo ma parliamo di un profilo archetipico, stile "lazzaro", "guappo" o comunque proveniente da una piccola parte del popolino della strada. Purtroppo, è proprio questo tipo di napoletano "mascalzone" che, aimè, rovina l'immagine di una città meravigliosa e di una popolazione stupenda, orgogliosa e piena di risorse.

. La "cazzìmma" è un termine tipico, non direttamente traducibile in italiano, perché è una caratteristica piuttosto tipica di un certo tipo di napoletani. Non è facile definire il concetto di cazzìmma ma, con buona approssimazione, potremmo dire che è una sorta di furbizia o scaltrezza personale, ad ogni costo, anche maligna se serve ad ottenere un determinato scopo.

18. GLI INSULTI

Attenzione: Questo capitolo è dedicato agli insulti napoletani. Se credi che i suoi contenuti possano offendere la tua sensibilità, passa pure al prossimo capitolo.

Troverai, di seguito, insulti di ogni tipo: parolacce da poco o più offensive, a volte divertenti ma spesso anche pesanti; comunque, da evitare assolutamente, perché il destinatario potrebbe avere una reazione non proprio simpatica.
Molte espressioni sono tipiche e molto conosciute, altre più rare ma altrettanto divertenti, se lette con uno spirito goliardico. Molti insulti contengono vere e proprie metafore e possono avere anche una certa valenza culturale, per capire come ragionano i napoletani, un po' come per i modi di dire del capitolo precedente. Non ti raccomando di imparare gli insulti napoletani a memoria ma spero, almeno, che ti facciano fare due grasse risate!

Ma partiamo subito con gli insulti...

Cap 'e cazz = testa di cazzo;
Chitebbìv! = maledico i tuoi cari ancora vivi;
Chitemmuòrt = maledico i tuoi cari defunti;
Piezz 'e mmerda = pezzo di merda;
Figlio 'e puttàn = figlio di puttana (può assumere anche una valenza positiva, nel senso di persona scaltra);
Figlio 'e zòccola = come sopra;
Figlio 'e ntròcchia = si riferisce a una persona sveglia, furba, scaltra, per meglio intenderci un furbacchione.

'A fessa 'e màmmeta = La vagina di tua madre;

'A picchiàcca 'e màmmeta = come sopra;

'A fessa 'e sòreta = La vagina di tua sorella;

'A picchiàcca 'e sòreta = come sopra;

Latrìn = cloaca;

Strunz = stronzo;

Stronz = stronza;

Facc 'e cazz = faccia di cazzo;

Facc 'e merda = faccia di merda;

Par 'a sora ra fessa = letteralmente 'sembri la sorella della vagina', espressione usata per indicare una donna stupida;

Par 'o frat ro cazz = letteralmente 'sembri il fratello del cazzo', espressione usata per indicare una uomo stupido e privo di furbizia;

Omm 'e merd = uomo di merda, espressione usata per indicare un uomo di poco valore;

Vafammàcc a màmmeta = letteralmente "vai a fare in bocca a tua madre", l'espressione è simile al vaffanculo, ma è più rafforzativa;

Chiav't 'a lengua 'ngulo = stai zitto/a o taci;

Chitestramuòrt = chi ti è stramorto (una bestemmia);

Chillu strunz 'e pàtet = quello stronzo di tuo padre;

Chella granda zompapèreta e màmmeta = quella grande zoccola di tua madre;

Sòreta è 'na puttàna = tua sorella è una puttana;

Chella bucchìna 'e màmmeta = quella troia di tua madre;

Chella bucchìna 'e sòreta = quella troia di tua sorella;

Lota = letteralmente significa "fango", ma viene usato per dire "pezzo di merda";

Si 'na buàtta = sei una cicciona;

Par 'a wàllera = letteralmente "somigli ai testicoli", l'espressione è usata per indicare una persona stupida;

Cuopp'allesse = insulto indirizzato ad una donna dalle forme tanto sgraziate da paragonarla al "cuòppo" che si fa con un foglio di giornale, e con cui si incartano le caldarroste o il pesce fritto. Le castagne o il pesce bagnano il foglio facendolo deformare.

Soreta è comme 'na busta ra munnèzza: ce vòttano a rinto ogni fetenzìa = tua sorella è come un cestino dell'immondizia: ci buttano dentro di tutto (fuori di metafora: è troia);

Culo 'e mal'assiètto = persona cui risulta difficile stare un momento ferma in un posto per irrequietezza;

Se dice ch'e criatùre è porta a cicogna, forse tu le si carùte = si dice che i bambini li porta la cicogna, può darsi che tu le sia caduto (e quindi sei diventato scemo);

Capèra = lett. parrucchiera, alludendo a persona altamente pettegola, termine usato in maniera dispregiativa;

Fetòsa = puzzolente;

Spuòrc! = Sporco;

Puòrc! = Porco;

Cuòll nìr = Collo nero, nel senso di sudicio;

Janàra = strega, termine utilizzato per offendere una donna dai macabri atteggiamenti;

Cessa/Latrìna = letteralmente gabinetto, il termine è utilizzato con accezione dispregiativa, per indicare una persona poco pulita sotto tutti i punti di vista;

Nciucèssa = pettegola (da inciucio);

Vasciajòla = persona rozza appartenente ai bassifondi;

Spisse s'addevènta famùs aròpp muòrt, embe' tu a chi cazz aspiètt? = spesso si diventa famosi dopo la morte, quindi tu cosa aspetti? Per la serie, perché non ti ammazzi?;

209

Si tu vàje a Lourdes p'avè 'o miràculo, 'a Maronna rice: "so' tant'anni 'ca faccio 'stu mestière ma tu me stàje mettènne ovèro in difficoltà" = sei vai a Lourdes per avere un miracolo, la Madonna ti dice: "dopo tanti anni che faccio questo mestiere, tu mi stai mettendo seriamente in difficoltà". Cioè, sei un caso umano;

Pe tte 'e fèmmene so' tutt puttàne tranne muglièreta, figlieta e sòreta, ma nun vaje mai n'copp 'o casìno pe paùra re trua' = per te le donne sono tutte puttane tranne tua moglie e tua figlia , ma non vai mai in un bordello per paura di incontrarle;

Tieni 'e zizze comm'e rècchie 'e nu cane 'e caccia = hai il seno simile alle orecchie di un cane da caccia;

'Nzevàt = qualcosa di unto, di scivoloso. Termine offensivo riferito a chi è viscido, sporco, che non si lava o un malato di atteggiamenti sconci;

'Nnaccaràt = deriva dal caratteristico suono delle nacchere spagnole. Si può anche indicare una persona che compie un'azione dispettosa e poco seria;

Gnaccàt = sporco;

Si 'o strunz fosse 'na fatìca, tu tenìsse nu sacco e gent a fatìcà = se lo stronzo fosse un mestiere, tu avresti una ditta e molti dipendenti;

Tieni chiu' corna tu ca nu panàro 'e marùzze = hai più corna in testa tu, che un cesto pieno di lumache;

Mammèta è comm'a 'na doccia: sa fanno tutte quante = Tua madre è come una doccia: se la fanno tutti.

Nun piglià troppu sole 'sta staggiòne, 'o sole assècca 'e strunz = non prendere molto sole questa estate, il sole secca gli stronzi;

Nacchennèlla = è colui che, per la sua stupidità, irrita oltre ogni limite, tanto da desiderare di prenderlo a ceffoni. L'origine è francese, infatti, deriva da "n'a qu' un oeil", che significa "vedere con un occhio solo".

Sì accussì' 'gnurànte che 'o ciùccio sape' cunta' meglio e te = sei così ignorante che l'asino conta meglio di te!;

'Ntalliàto = si indica uno stato di smarrimento momentaneo, un imbambolarsi tipico della persona distratta che, nonostante gli si rivolga la parola, sembra essere mentalmente da un'altra parte;

'Nzallanùto = è una persona che sembra confusa, intontita, stordita, associato per lo più a persona anziana (per esempio: viècchio 'nzallanuto);

Stùppolo = è il tappo, o stoppaccio fatto di stoppa ed anche una persona a noi non gradita per le sue intemperanze;

Loffa = si tratta di una parola di origine onomatopeica cioè fa parte di quei vocaboli il cui suono imita esattamente, o quasi, la cosa che rappresenta. Come saprete con "loffa" si indica il peto non rumoroso, ma puzzolente. Si può altresì indicare una donna volgare, in termine dispregiativo;

Te a sentì 'na messa a panza all'aria = devi morire;

Chiattìllo = è la classica piattola, il piattolone che si attacca addosso e produce fastidiosi pruriti. Riferito a un giovane troppo fighetto;

Tarzanièllo = tarzanello, nel senso di cafone;

Sta' chiu' gente addò màmmeta c'a posta a ritira' 'a penziòne = c'è più gente in camera di tua madre, che alla posta a ritirare la pensione. In pratica, hai la mamma maiala;

Sòreta è 'na grande artista, 'ce piacèno 'e schizzi = tua sorella è una grande artista: le piacciono gli schizzi;

Sìcchio 'e lota = secchio di merda;

Rattùs = uomo viscido, che guarda ossessivamente qualsiasi donna gli passi davanti con fare malizioso;

Farenièllo = persona smanciosa oltre ogni limite di decenza, intrigante senza ritegno, cascamorto fuori misura,

211

bellimbusto che crede, con il suo comportamento, di apparire persona spiritosa, ma risultando poi estremamente antipatica; in pratica, di uomo poco serio con le donne, donnaiolo.

Sì comme 'nu telegiornàle senza nutìzie: nun sièrv! = sei come un telegiornale senza notizie: non servi!;

Curnutòne = super cornuto;

Ricchio' = omosessuale;

Sarchiapo' = persona stupida/ tonta;

Lummèra = riferito a una donna volgare. Infatti, per accendere un lume, bisogna dar fuoco alla miccia. E basta una piccola fiammella per accenderla;

Tutte tèneno 'nu lato bbuòno, gìrate famme vere' = tutti hanno un lato buono, girati fammi vedere.

Si 'a moda 'o ddice, 'a fèmmena va pure po 'o culo 'a fore = Se il trend modaiolo più in voga fosse quello di andare in giro con le natiche scoperte, le donne si adeguerebbero a tale tendenza del momento. Espressione usata spesso nei confronti di persone che farebbero qualsiasi cosa pur di essere accettate dagli altri.

Haje voglia 'e ce mèttere 'o rumm, 'o strunz nun po' addeventà màje babbà = Nonostante tu possa farcire con del rum uno stronzo, questo non riuscirà mai a prendere le sembianze di un babà. Espressione usata per definire una persona di dubbie qualità che anche con molto impegno non riuscirebbe mai a migliorare la propria condizione sfortunata.

Nun sì manco 'a scùmma mmiezz 'e pacche r'e cavàlle 'e Bellomùnno, 'ncoppe 'a saglìuta 'e Capemònte, mentre portàno 'e meglie muòrte 'e chi t'è stramuòrto = Pur impegnandoti, non varresti nemmeno quanto il sudore tra le natiche dei cavalli della celebre impresa di pompe funebri "Bellomunno", quando gli equini, nel massimo sforzo di intraprendere la salita di Capodimonte, trasportano i tuoi avi e i tuoi trisavoli. Dicasi di persona oltremodo disprezzabile.

Stèvem scarz a scième = Ci mancavano gli scemi... Si usa quando in un posto arriva un amico che si vuole prendere in giro.

È pigliàt 'o cazz p'a bbanca 'e ll'acqua = Cioè, hai preso fischi per fiaschi. Dicasi di persona che fraintendendo la buona predisposizione degli altri nei suoi confronti, si prodiga in richieste eccessive.

Beh, ti è piaciuta questa ricca rassegna di coloriti insulti? Quale ti ha divertito di più?

Mi raccomando, in caso, fanne buon uso!

Esercizi

20. Traduci o riporta il significato delle seguenti espressioni ingiuriose...

Sta' chiu' gente addò màmmeta c'a posta a ritira' 'a penziòne =

Te a sentì 'na messa a panza all'aria =

Si 'o strunz fosse 'na fatìca, tu tenìsse nu sacco e gent a faticà =

Pe tte 'e fèmmene so' tutt puttàne tranne muglièreta, figlieta e sòreta, ma nun vaje mai n'copp 'o casìno pe paùra re trua' =

Se dice ch'e criatùre è porta a cicogna, forse tu le si carùte =

Si tu vàje a Lourdes p'avè 'o miràculo, 'a Maronna rice: "so' tant'anni 'ca faccio 'stu mestière ma tu me stàje mettènne ovèro in difficoltà" =

Soluzioni

Esercizio 20

Sta' chiu' gente addò màmmeta c'a posta a ritira' 'a penzìòne = c'è più gente in camera di tua madre, che alla posta a ritirare la pensione; in pratica, hai la mamma maiala.

Te a sentì 'na messa a panza all'aria = devi morire.

Si 'o strunz fosse 'na fatìca, tu tenìsse nu sacco e gent a faticà = se lo stronzo fosse un mestiere, tu avresti una ditta e molti dipendenti.

Pe' tte 'e fèmmene so' tutt puttàne tranne muglièreta, figlieta e sòreta, ma nun vaje mai n'copp 'o casìno pe paùra re trua' = per te le donne sono tutte puttane tranne tua moglie e tua figlia , ma non vai mai in un bordello per paura di incontrarle.

Se dice ch'e criatùre è porta a cicogna, forse tu le si carùte = si dice che i bambini li porta la cicogna, può darsi che tu le sia caduto (e quindi sei diventato scemo).

Si tu vàje a Lourdes p'avè 'o miràculo, 'a Maronna rice: "so' tant'anni 'ca faccio 'stu mestière ma tu me stàje mettènne ovèro in difficoltà" = sei vai a Lourdes per avere un miracolo, la Madonna ti dice: "dopo tanti anni che faccio questo mestiere, tu mi stai mettendo seriamente in difficoltà". Cioè, sei un caso umano.

I segreti svelati in questo capitolo

. Il napoletano tipico è un soggetto allegro, scanzonato e sfottitore ma gli insulti volgari sono tipici del basso popolino e della gente di strada.

. Alcuni insulti, particolarmente simpatici, sono più da cabaret che da strada, infatti, il comico Alessandro Siani ha assunto nel proprio repertorio il seguente: Si tu vàje a Lourdes p'avè 'o miràculo, 'a Marònna rice: "so' tant'anni 'ca faccio 'stu mestière ma tu me stàje mettènne ovèro in difficoltà".

. Se vuoi davvero offendere un napoletano, impreca tirando in ballo sua mamma o sua sorella ma sappi che rischierai seriamente la lite.

. Alcune espressioni, tipo "figlio 'e puttàna" o "figlio 'e zòccola", possono avere una duplice valenza: o offensiva o come complimento, nel senso di persona particolarmente scaltra. Ma fai molta attenzione al contesto e al tono con cui, in caso, userai queste espressioni: se parli con un amico o ti riferisci a persone terze, ok; se parli a un estraneo, evita!

19. LE FESTE

Le feste "sacre" per i napoletani sono il Natale e la Pasqua. Voglio parlartene accuratamente, nel caso tu voglia trascorrere a Napoli qualche vacanza festiva.

19.1. Il Natale a Napoli

Il Natale a Napoli è uno dei più antichi e tradizionali d'Italia e sorprende per folclore e senso artistico. Nel periodo natalizio, infatti, l'atmosfera in città è veramente magica, fatta di presepi, luminarie, passioni artigiane, teatro napoletano e una saporitissima gastronomia. Se Napoli è sempre bella e speciale da visitare, a Natale lo è molto di più.

L'**8 dicembre** a Napoli è mattina di festa poiché si celebra l'**Immacolata Concezione** e l'inizio dei festeggiamenti natalizi. La giornata non può che cominciare con un caffè in una delle caffetterie del centro, accompagnato da una sfogliatella o una porzione di struffoli.
Passeggiando per il centro storico, una delle strade da non perdere assolutamente è Via **San Gregorio Armeno**, la strada dei pastori. Lungo questa strada stretta e cupa, da secoli albergano le botteghe degli artigiani specializzati nella manifattura dei presepi, secondo l'antica arte **presepiale napoletana**. Via San Gregorio Armeno è situata tra la **Via del Duomo**, la **Via dei Tribunali** (il vecchio **Decumano Maggiore**, costruita dai Greci nel V sec. a.C.) e **Via San Biagio dei Librai** (antico **Decumano inferiore**, odierna **Spaccanapoli**). Secondo la tradizione popolare, l'arte di

217

costruire statuine di terracotta risalirebbe, addirittura, all'epoca Romana.

Via San Gregorio Armeno

La moltitudine di oggetti esposti all'esterno e all'interno delle botteghe ha dell'incredibile: pastorelli in terracotta, casette in sughero, madonnine, asinelli, Re Magi, corni e cornetti e, persino, le statuine di tanti personaggi famosi, calciatori o politici. Tutte le statuine sono rigorosamente dipinte a mano e vestite di abiti di vero tessuto.

Le tipiche statuine dei personaggi famosi

Agli appassionati di arte presepiale, consiglio la visita al **Museo della Certosa di San Martino,** uno dei maggiori punti di riferimento del presepe napoletano e sede del **Presepe Cucinello** (1887), e alla sala Ellittica della **Reggia di Caserta,** dove è ospitato un presepe di Corte del Settecento.

Natale a Napoli, vuol dire anche **teatro napoletano** e uno dei modi per conoscerlo al meglio è quello di assistere alla rappresentazione della commedia *Natale in Casa Cupiello*, di **Edoardo De Filippo.** Il teatro napoletano ha una tradizione artistica di lunga data e non si può visitare la città senza aver visto almeno una commedia. Non si perda l'occasione di apprezzare l'arte che ha reso famosi personaggi come **i fratelli De Filippo, Totò, Viviani, Petito, Scarpetta** o **Massimo Troisi,** che ai tempi del trio **la Smorfia,** con i soci **Arena** e **Decaro,** si esibiva al **Teatro Sancarluccio,** in via San Pasquale, poco distante dalla lunga Riviera di Chiaia.

Tra chiese addobbate, decorazioni illuminate, teatri e lo shopping più sfrenato, non mancherà di assaporare la **cucina natalizia napoletana,** fatta di piatti tipici e ghiottonerie varie. Le stradine e i vicoli, profumano di cibi cucinati per strada, come quelle che portano al mercato dei **Quartieri Spagnoli.** Nei giganteschi calderoni si cucina il polpo *"a ll'acqua soja"*, pronto da servire e mangiare, tipo street food. Se al piatto di mare si preferisce la carne, allora la direzione giusta è la Via Pignasecca, dove trovare *'o pere e musso* di maiale, da mangiare con limone e peppe, tipicamente incartato in un *cuòppo* di carta. Un po' ovunque, è possibile trovare rosticcerie e pasticcerie, per mangiare in

219

strada pizze a portafoglio, pizze fritte, frittatine di pasta, crocchè di patate, arancini di riso, zeppole di ciurilli (frittelle con i fiori di zucca), taralli 'nzogna e pepe, cuòppi di pesce fritto, panini napoletani e porzioni di casatièllo, per il salato.

Street food: un bel cuòppo di fritture napoletane

Per il dolce, invece, la scelta varia tra **sfogliatelle ricce o frolle**, **babà**, **cassatine**, **graffe**, **roccocò**, **mustacciuòli**, **raffaiuòli** e **susamièlli**, questi ultimi assolutamente tipici del periodo di Natale.

Dolci natalizi napoletani

Se hai l'occasione di fare il cenone natalizio della Vig- dell'Ultimo dell'Anno o il pranzo di Natale o del Primo dell'Anno, non puoi non provare **'o capitòne**, che nella tradizione napoletana incarna il serpente demoniaco schiacciato dal piede dell'Immacolata. Lo troviamo cucinato fritto, marinato o al forno, profumato con la foglia d'alloro. Al capitone altri preferiscono il **baccalà**, fritto o lesso, con aglio e limone. Come primi, a seconda della tradizione famigliare, troviamo lo **spaghetto a vongole**, gli **ziti al ragù napoletano**, il **sartù di riso** o i **tagliolini in brodo**. Il contorno classico natalizio è, poi, la cosiddetta **insalata di rinforzo**. A Santo Stefano, invece, va di moda la minestra spagnola, altresì detta dai napoletani **'a menèsta maritàta**, ossia una zuppa di verdure e carne.

La famosa "insalata di rinforzo"

19.2. La Pasqua a Napoli

Aria di primavera, voglia di rinnovamento, la Pasqua a Napoli segna l'inizio della bella stagione e con essa il desiderio di uscire dal torpore dei lunghi mesi invernali.

A Napoli i riti della settimana che prepara alla Pasqua cominciano con il **giovedì Santo**. Oltre ai riti religiosi, la tradizione culinaria vuole che per questo giorno si prepari la **zuppa di cozze**. In origine, erano gli abitanti del Borgo S. Lucia a preparare questo delizioso piatto ma oggi è possibile degustarlo un po' in tutte le pizzerie e i ristoranti. Ti consiglio una bella passeggiata sul **lungomare di via Caracciolo** e un ottimo pranzo presso il **Borgo Marinaro di Castel dell'Ovo**.

Il **venerdì Santo** a Napoli, come nella maggior parte delle città italiane, ha luogo la **via Crucis**. Nella mattinata la tradizione napoletana prevede di visitare i "**sepolcri**", che sono un'ottima occasione per visitare le spettacolari chiese del centro storico della città e provvedere all'acquisto della **pastiera napoletana** da Scaturchio, la storica pasticceria in Piazza San Domenico Maggiore.

Il **sabato Santo** è la giornata dedicata dello "struscio", questo termine dal sapore onomatopeico ci ricorda il passeggio lungo i corsi principali della città, per esibire il vestito nuovo. In genere, nel giorno precedente la Pasqua, a Napoli non ci si può sottrarre allo shopping tra le vie del centro.

Per quanto riguarda la **domenica di Pasqua**, generalmente, dopo la Messa si va a casa per degustare in famiglia il lauto pranzo pasquale della tradizione napoletana.

A tal proposito, ti descrivo dettagliatamente il tipico pranzo pasquale, affinché, in caso, tu possa trovarti a degustarlo.

Antipasto: "fellàta" 'e casatièllo o della sua variante, il tortano condito. Il nome "fellata" deriva direttamente da "fella", che in napoletano significa "fetta": infatti, tutti gli ingredienti (soprattutto salumi e formaggi) sono affettati o tagliati a cubetti, mentre le uova sode sono, in genere, messe intere e non sgusciate.

Primo: La prima portata tipica di Pasqua è la "menèsta maritàta", dove la dicitura maritata deriva dal fatto che gli ingredienti di carne e verdura si "maritano", partecipando insieme alla minestra. Le verdure tipiche per preparare la minestra maritata sono cicoria, scarole, verza, e borragine, che gli conferisce una nota amarognola, mentre la carne più utilizzata è quella di maiale, con tracchie, salsicce e altri tagli. La minestra maritata, per i lettori lombardi, è cugina della buonissima "cassoeula".

Secondo piatto e contorno: Agnello/capretto al forno o alla brace, servito con patate al forno, carciofi arrostiti nella tipica *furnacèlla* a carbone o piselli stufati con la pancetta a cubetti. Nella versione al forno, il capretto si cuoce nella teglia, direttamente con le patate, i piselli e le cipolle e il tutto si può anche profumare con un po' di vino bianco, pepe e rosmarino.

223

Il pranzo pasquale, si conclude con la tipica **pastiera di grano.**

Nota: Come avrai notato, finora non ti ho citato i vari panettoni, pandori e colombe, non perché non vengano consumati dai napoletani durante le relative festività ma perché non sono dolci tipici del luogo e quindi, giocoforza, recitano un po' il ruolo di "comparse".

Le vacanze di Pasqua a Napoli si concludono con il **Lunedì dell'Angelo,** quando i napoletani si concedono una scampagnata fuori porta; le mete tipiche della **Pasquetta** a sono: la Reggia di Caserta, Pompei, Ercolano e, se il tempo lo permette, le isole Ischia, Capri e Procida.
I napoletani, dunque, amano trascorrere la giornata di Pasquetta all'aria aperta, facendo una grigliata e mangiando casatielli e pastiere portati da casa. È l'occasione giusta per trascorrere una bella giornata in allegria, con gli amici e magari farsi una bella partitella a pallone con l'immancabile Super Santos d'occasione.

Esercizi

21. Rispondi alle seguenti domande...

Come si chiama la strada dei pastori a Napoli?

Qual è il dolce tipico della Pasqua per i napoletani?

Qual è il contorno tipico del Natale?

Il roccocò è dolce o salato?

Il capitone è carne o pesce?

Tipicamente, il casatiello di mangia a Natale o a Pasqua?

Soluzioni

Esercizio 21

Come si chiama la strada dei pastori a Napoli?
San Gregorio Armeno

Qual è il dolce tipico della Pasqua per i napoletani?
La Pastiera

Qual è il contorno tipico del Natale?
L'insalata di rinforzo

Il roccocò è dolce o salato?
Dolce

Il capitone è carne o pesce?
Pesce

Tipicamente, il casatièllo di mangia a Natale o a Pasqua?
Pasqua

I segreti svelati in questo capitolo

. Il Natale è il periodo dell'anno più suggestivo per visitare Napoli.

. A San Gregorio Armeno, oltre ai classici pastori del presepe, puoi trovare anche le statuine di terracotta di calciatori e personaggi famosi vari.

. Non è Natale per i napoletani se non si mangia il capitone, il baccalà e l'insalata di rinforzo.

. I dolci napoletani tipici del Natale hanno dei nomi strani: roccocò, raffaiuòlo, mustacciuòlo e susamièllo.

. Non è Pasqua a Napoli se non si mangia il casatièllo e la pastiera.

20. IL SEDUTTORE NAPOLETANO

L'italiano è in tutto il mondo considerato un latin lover, ossia, uno che con le donne ci sa fare, con la sua proverbiale galanteria, il suo indiscusso fascino e il suo irresistibile romanticismo. Nel panorama nazionale, in particolare, il napoletano si distingue per le sue doti creative anche nel corteggiamento, grazie alla cosiddetta **arte della posteggia**. Ma di che si tratta? Beh, la posteggia è l'arte dell'acchiappo *on the road*, del complimento audace, volutamente ad effetto, spesso anche un involontariamente comico e quasi sempre di matrice tamarra.

A Napoli, famosa è la posteggia a Mergellina, che avviene nel traffico, quando un gruppo di ragazzi da una macchina adocchia una vettura con all'interno delle ragazze. Così comincia il corteggiamento automobilistico: prima una bussata di clacson e poi uno sfacciato *"Scusa, bella, ti pozzo conoscere?"*. Se le cose vanno bene, ci si accosta per valutare se andare a bere qualcosa assieme.

Quando il galletto napoletano, scende dalla macchina e arriva al cospetto della giovane prescelta, ha già un preciso copione da seguire. Innanzitutto, l'uomo non deve essere mai rigido, bensì molto sciolto, quasi molleggiato, tipo come se ballasse. Una volta che il napoletano ha assunto questa posa, potrà cominciare a parlare con la ragazza che ha adocchiato. Ed è questo il momento che sfoggia la sua grande creatività seduttoria.

Ti faccio fare due risate, riportandoti un po' di citazioni dal manuale della posteggia del tamarro napoletano!

Il comico Alessandro Siani nei panni del tamarro Tatore

Lui: "*Scusa, perché non cammini con un segnale di pericolo appeso al collo?*"
Lei: "*Perché?!?*"
Lui: "*Perché sei uno schianto!!!*"

Lui: "*Scusa, ti posso mettere lo sgambetto?*"
Lei: "*E perché?!?*"
Lui: "*Perché così vedo una stella cadente!*"

"*Complimenti, sei proprio una donna di classe... sono sicuro che tuo padre faceva il Maestro!*"

Lui: "*Scusa, ma tuo padre fa lo spacciatore!?*"
Lei: "*Perché?!?*"
Lui: "*No, perché sei stupefacente!!!*"

"Weeeeee, ciù ciù, che ce faje a' for 'a busta re caramelle?!?"
(Hey caramella sommossa, che ci fai fuori dalla busta!?)

"Ciao Cenerentola, sei proprio una favola... Ti posso raccontare?"

Lui: "Scusa, ti posso chiedere un'informazione?"
Lei: "Certo..."
Lui: "Mi sai indicare la strada che porta al tuo cuore?"
oppure "Mi sai indicare la via per conoscerti?"

"Vorrei essere un pesciolino rosso per nuotare nel mare profondo dei tuoi occhi blu!!!"

"Lo sai che sei una fata? Posso essere la tua bacchetta magica???"

Lui: "Scusa, conosci Ciro?"
Lei: "No!"
Lui: "Piacere, Ciro!!!"

Lui: "Scusa, ma ti chiami Alice?"
Lei: "No!"
Lui: "E allora perché appena ti ho vista mi sono sentito nel paese delle meraviglie?!?"

"Ciao Eva Kant, hai rubato il mio cuore!!!"

"Sì tu fuss' 'a guerr', je partess' volontario!!!"
(Se tu fossi la guerra, partire volontario)

Appena lui riesce ad attaccare bottone: *"Aspiètt', famme mettere 'e lent' 'a sole, nun aggia maje visto 'na stella 'a vicino, sto rimanenno abbagliato..."*

Lui: "Scusa, ma di cognome fai Crispo?"
Lei: "Perché?!?"
Lui: "Pecché sì nu cunfiètto!"

Lui: "Scusa, ma per caso vieni da Bagdàd?"
Lei: "No, perché??"
Lui: "Ua', perché sei una bomba!!!"

Lui: "La musica è bella ma sei tu che fai ballare il mio cuore"

Lui: "Bella! Sei una ladra!"
Lei: "Come?!?"
Lui: Perché hai rubato il mio cuore!"

Ok, dopo questa infilata di pecorecce e tamarre frasi da acchiappo esasperato da luna park, torniamo seri e parliamo del vero seduttore napoletano, quello elegante, raffinato e galante.

Dunque, ti spiego il concetto di **galanteria partenopea**: nel costume del capoluogo campano, l'uomo che si considera tale non fa pagare MAI il conto del ristorante, le spese di viaggi e di divertimenti ad una donna, sia che si tratti di una potenziale partner sia che si tratti di un'amica. Dal semplice caffè al bar, fino alla cena stellata, sarà sempre l'uomo a pagare e mai fare alla romana o insistere per non farlo pagare, lo metteresti in serio disagio.

Quindi, se sei una donna ed esci con un napoletano, sappi che pagherà lui, quindi, non insistere sul dividere o offrire tu. Se, invece, sei un uomo ed esci con una napoletana, sappi che **DEVI OFFRIRE TU**, altrimenti la signora in questione ti schiferà immediatamente e avrai bruciato tutte le tue precedenti fatiche da corteggiatore. In altre parole, te la sarai giocata definitivamente. Ma questo, non per opportunismo, materialismo o per meri motivi venali, ma per cultura e tradizione napoletana: **adda pavà l'omm!**

Oltre alla questione soldi, voglio anche darti dei consigli pratici su quali **posti romantici** considerare per fare colpo, in tema di seduzione, a Napoli.

Un must è sicuramente la passeggiata sul **lungomare**, tutto pedonale, fino a **Castel dell'Ovo**, per andare a cena al **Borgo Marinari**, che si trova proprio presso l'isolotto che ospita l'antico castello. Lì ci sono tanti ristoranti, tutti ottimi, scegli quello che ti ispira di più.

Castel dell'Ovo e Borgo Marinari

233

Più di nicchia ma altamente ad effetto, è recarsi a pranzo o a cena a **Marechiaro**. Considera che la sera è romantica di suo ma di giorno c'è da godersi lo spettacolo del panorama, che a Napoli, col mare, le barche e lo sfondo del Vesuvio è tanta roba.

Il borgo di Marechiaro con la famosa "fenestèlla"

A proposito di panorama, per fare colpo, la sera non puoi non andare al **belvedere di San Martino**, sulla collina del Vomero. Sul piazzale di San Martino potrete accomodarvi sul muretto o su una panchina libera, per osservare dall'alto il centro storico, il campanile di Santa Chiara e Spaccanapoli. Per una visuale più completa dovete salire sugli spalti di Castel Sant'Elmo, il cui ingresso si trova qualche metro prima del piazzale di San Martino, dove potrete ammirare l'intero lungomare, da Santa Lucia a Posillipo, ma anche Castel dell'Ovo, il Maschio Angioino, Piazza del Plebiscito, il porto, il promontorio di Posillipo, l'isola di Capri e, ovviamente, il Vesuvio.

21. AL MARE

In caso decidessi di trascorrere le tue vacanze estive a Napoli o, comunque, in Campania, voglio dedicare questo capitolo per consigliarti le più belle spiagge e i posti da visitare a tutti i costi.

Dunque, partiamo dalla stessa Napoli. In primis, bisogna dire che si può fare il bagno anche a **Mergellina**, che è proprio al centro, al cosiddetto "**Lido Mappatella**" (o Mappatella Beach), presso il lungo mare e di fronte la Villa Comunale. Ci sono un paio di micro spiaggette e nei mesi caldi c'è sempre gente che si fa il bagno. Il mare è pulito? Pare proprio di si, in quanto sono attivi dei depuratori.

La piccola spiaggia di Mergellina, detta Lido Mappatella

Sempre a Napoli, ma lungo la collina di Posillipo e precisamente a **Marechiaro**, è possibile farsi il bagno accedendo a una scogliera, passando sotto un pontile. Lì il

mare è proprio bello ma accedervi può risultare un po'
avventuroso.

Più classica è la scelta di farsi un bel bagno alla **Gaiola**,
sempre nella parte alta di Posillipo. Per accedere a questa
piccolissima spiaggia si deve fare un bel tratto a piedi ma ne
vale la pena.

La spettacolare veduta della Gaiola

Dal porto di Napoli, poi, puoi raggiungere in traghetto
Sorrento e le favolose isole Capri, Ischia e Positano.

Iniziamo il nostro tour virtuale da **Sorrento** e dalla penisola
sorrentina. Beh, Sorrento è un posto incantevole che si trova
praticamente di fronte a Napoli, ossia dall'altra parte del
golfo. È un vero gioiello, un posto incantevole, senza tempo,
elegante, con un'atmosfera tutta sua. Merita sicuramente una
passeggiata, anche se in realtà non ha, in sé per sé, una vera e
propria spiaggia. Certo, è possibile fare il bagno nei lidi
presso il porto ma, per trovare una spiaggia vera e propria,

conviene spostarsi un po'. Ad esempio, puoi raggiungere **Nerano** o la **Baia di Ieranto**, entrambi posti incantevoli.

La spiaggia di Nerano, in località Massa Lubrense

Per quanto riguarda le isole, invece, **Capri** è quella più esclusiva e da sempre meta di attori, sportivi e personaggi famosi e facoltosi, i cosiddetti vip. È un'isola abbastanza piccola e pertanto molto esclusiva, molto apprezzata sin dalle epoche antiche. Capri, **Anacapri**, la **Grotta Azzurra** e i **Faraglioni**, meritano sicuramente una visita.

Una struggente Capri crepuscolare

A differenza di Capri, **Ischia** è un'isola un po' più grande, altrettanto bella ma dal punto di vista turistico più "abbordabile". Quest'isola è davvero molto ricca di cose da vedere e da fare. Ad esempio, Ischia è famosa in tutto il mondo non solo per le sue bellezze storiche e la sua vita notturna, ma anche per le numerose **sorgenti termali**, che già venivano usate dagli antichi romani. Oggi sono moltissime le opportunità per chi cerca relax e benessere presso i numerosi **giardini termali** dell'isola.

La caratteristica Ischia Porto

Per chi non ama gli stabilimenti termali e preferisce le **sorgenti naturali,** il miglior posto da visitare a Ischia è la **Baia di Sorgeto,** dove l'acqua calda dal sottosuolo incontra quella del mare, formando piccole vasche nelle quali ci si può immergere liberamente e gratuitamente. Vista la popolarità della spiaggia, l'idea migliore è visitarla al mattino presto o la sera, per evitare le ore di massimo affollamento.

Poi ci sono monumenti davvero notevoli, come il **Castello Aragonese,** che è una vera e propria cittadella fortificata con, al suo interno, anche palazzi e monumenti. Tra questi merita una visita la bella **Chiesa dell'Immacolata,** che conserva un'antica Madonna in legno verso la quale gli abitanti dell'isola sono molto devoti.

Visitare Ischia, infine, significa anche immergersi nel fascino della vita mondana che la caratterizza, e il modo migliore è passare la serata alle "**Rive Droite**", la riva destra di **Ischia Porto**, dove si concentrano i locali e le discoteche più apprezzate, e dove ormeggiano gli yacht più lussuosi.

Concludiamo il tour delle isole napoletane con **Procida**, la più piccola delle tre e la meno turistica ma proprio per questo altrettanto affascinante e meritevole di una visita o un soggiorno.

Una suggestiva veduta panoramica di Procida

Si dice, che a differenza dei Capresi e degli Ischitani, gli abitanti di Procida siano meno ospitali, più semplici pescatori e meno attenti agli interessi del turismo. Per questo Procida è più selvaggia, con un fascino un po' più "wild", se vogliamo.

Il coloratissimo centro di Procida

Caro lettore, spero di averti fatto venire ben voglia di venire a visitare Napoli e le sue bellezze marittime e, soprattutto, ricorda: **in tutta la Campania si mangia favolosamente e tutti i campani sono molto accoglienti, cordiali e ospitali.** In Campania ti sentirai sempre come a casa tua.

22. LA CANZONE NAPOLETANA

La musica e, in particolare, la canzone, è parte essenziale e integrante della cultura napoletana, per cui, non posso in questa opera non parlartene. Dunque, ti riporterò i testi di alcune delle canzoni storiche napoletane più belle, cosicché tu possa trarne giovamento sia linguistico che culturale, perché la musica è arte e, appunto, cultura.

La musica e la canzone napoletana hanno più di cinquecento anni e hanno fatto la storia della canzone italiana e mondiale. *'O sole mio* (1898), ad esempio, è una canzone conosciuta in tutto il mondo, come una sorta di inno internazionale.

Dunque, la canzone napoletana trae origine addirittura nel XIII sec. ma si sviluppò soprattutto nel XV, quando il napoletano divenne lingua ufficiale del Regno e numerosi musicisti, ispirandosi ai cori popolari, iniziarono a comporre farse, frottole e ballate, fino a quanto, nel Cinquecento, il genere della **"villanella"** (**canzone villanesca**) **alla napoletana** conquistò l'Europa, godendo di una certa popolarità fino Settecento.

Il suo massimo splendore, tuttavia, la canzone napoletana lo raggiunge nell'Ottocento, in seguito al successo di *"Te voglio bene assaje"*, scritta da Raffaele Sacco e musicata da Filippo Campanella, presentata alla **Festa di Piedigrotta** nel 1839. Questa epoca d'oro, che arriva fino al secondo dopoguerra, viene definito della **canzone classica napoletana**.

Iniziamo dalla lettura del testo di uno dei primi classici, opera cantata dai più grandi artisti del mondo: **'O sole mio.**

Che bella cosa è na jurnata'e'sole
n'aria serena doppo na tempesta
pe'll'aria fresca pare gia' na festa
che bella cosa na jurnata'e sole.

Ma n'atu sole
cchiu' bello, oi ne'
'o sole mio sta nfronte a te!
'o sole, o sole mio
sta nfronte a te...
sta nfronte a te.

Luceno 'e llastre d'a fenesta toia;
'na lavannara canta e se ne vanta
e pe' tramente torce, spanne e canta
luceno'e llastre d'a fenesta toia.

Ma n'atu sole
cchiu' bello, oi ne'
'o sole mio sta nfronte a te!
'o sole o sole mio
sta nfronte a te...
sta nfronte a te.

Quanno fa notte e 'o sole se ne scenne
me vene quase 'na malincunia;
sott' a fenesta toia restarria
quando fa notte e 'o sole se ne scenne.

244

Ma n'atu sole
cchiu' bello, oi ne'
'o sole mio sta nfronte a te!
'o sole o sole mio
sta nfronte a te...
sta nfronte a te.

Di questa opera senza tempo, composta nel 1898 da Eduardo di Capua e Giovanni Capurro, sicuramente avrai ricordato i primi versi e il ritornello. Credo che, ormai, non ci sia bisogno che io te ne riporti la traduzione in italiano; a questo punto del libro, ti invito a fare uno sforzo di comprensione autonomo, per fini meramente didattici.

Alla prima metà del '900, appartiene un altro inno di Napoli: **'O surdato 'nnammurato**, di Enrico Cannio e Aniello Califano (1915).

Staje luntana da stu core,
a te volo cu 'o penziero:
niente voglio e niente spero
ca tenerte sempe a fianco a me!
Si sicura 'e chist'ammore
comm'i só sicuro 'e te...

Oje vita, oje vita mia...
oje core 'e chistu core...
si stata 'o primmo ammore...
e 'o primmo e ll'ùrdemo sarraje pe' me!

245

Quanta notte nun te veco,
nun te sento 'int'a sti bbracce,
nun te vaso chesta faccia,
nun t'astregno forte 'mbraccio a me?!
Ma, scetánnome 'a sti suonne,
mme faje chiagnere pe' te...

Oje vita, oje vita mia...
oje core 'e chistu core...
si stata 'o primmo ammore...
e 'o primmo e ll'ùrdemo sarraje pe' me!

Scrive sempe e sta' cuntenta:
io nun penzo che a te sola...
Nu penziero mme cunzola,
ca tu pienze sulamente a me...
'A cchiù bella 'e tutt''e bbelle,
nun è maje cchiù bella 'e te!

Oje vita, oje vita mia...
oje core 'e chistu core...
si stata 'o primmo ammore...
e 'o primmo e ll'ùrdemo sarraje pe' me!

Nella seconda metà del novecento, emergono due grandissimi artisti della canzone napoletana: **Roberto Murolo**, interprete della canzone classica, e **Renato Carosone**, genio della canzone napoletana moderna. Quest'ultimo, che si accompagnava con l'ottimo **Gegè Di Giacomo**, ancora fa ballare il mondo intero grazie a capolavori come *"Tu vuò fa' l'americano"*, *"Maruzzèlla"* e *"'O sarracìno"*.

Tra i grandissimi classici, non posso non citarti **"Malafèmmena"** (1951), più che una canzone, una poesia dell'immenso **Antonio De Curtis**, in arte **Totò**.

> *Si avisse fatto a n'ato*
> *chello ch'e fatto a mme*
> *st'ommo t'avesse acciso,*
> *tu vuò sapé pecché?*
> *Pecché 'ncopp'a sta terra*
> *femmene comme a te*
> *non ce hanna sta pé n'ommo*
> *onesto comme a me!...*

> *Femmena*
> *Tu si na malafemmena*
> *Chist'uocchie 'e fatto chiagnere.*
> *Lacreme e 'nfamità.*

> *Femmena,*
> *Si tu peggio 'e na vipera,*
> *m'e 'ntussecata l'anema,*
> *nun pozzo cchiù campà.*

> *Femmena*
> *Si ddoce comme 'o zucchero*
> *però sta faccia d'angelo*
> *te serve pe 'ngannà...*

Femmena,
tu si 'a cchiù bella femmena,
te voglio bene e t'odio
nun te pozzo scurdà...

Te voglio ancora bene
Ma tu nun saie pecchè
pecchè l'unico ammore
si stata tu pe me...

E tu pe nu capriccio
tutto 'e distrutto, ojnè,
Ma Dio nun t'o perdone
chello ch'e fatto a mme! ...

Negli anni sessanta, emerge il talento di **Peppino di Capri**, che fonde la tradizione melodica napoletana con ritmi provenienti da altre culture musicali.

Con la fine del **Festival di Napoli** (1971), antesignano del Festival di Sanremo, termina definitivamente anche l'epopea della musica napoletana classica, che, in realtà, non muore ma si evolve in tre nuovi generi: la **sceneggiata** in stile **Mario Merola**, il **neomelodico** inaugurato dal primo **Nino D'Angelo** e la moderna sperimentazione blues-pop-rock di **Edoardo Bennato** e **Pino Daniele**.

La **sceneggiata napoletana** nasce nel primo dopoguerra, come genere teatrale che unisce la canzone classica con la prosa. Questo genere fu molto popolare a New York, grazie agli emigrati napoletani di Little Italy. L'apice di questo genere, si raggiunge negli anni '70 grazie alle trasposizioni cinematografiche di Mario Merola, film esportati in tutto il mondo. Grazie a questi successi popolari, Merola viene definito, appunto, il **Re della Sceneggiata**, grazie agli incassi al botteghino di opere come *"Lacrime napulitane"*, *"Guapparia"* e *"Zappatòre"*. Questi film ebbero grande successo, perché seppero abbinare il pàthos della sceneggiata alla tensione del poliziottesco, senza sottovalutare le "mazzate napoletane" di Merola, in stile Bud Spencer e Terence Hill, altrettanto in voga in questo periodo.

Mario Merola, il re della sceneggiata

Ecco il testo di **"Zappatòre"**, una della opere più popolari di Merola.

Felicissima sera
a tutte 'sti signure 'ncravattate

e a chesta cummitiva accussì allera
d'uommene sciocche e femmene pittate

chesta è 'na festa 'e ballo
tutte cu 'e fracchisciasse 'sti signure
e' i' ca so' sciso 'a coppa sciaraballo
senza cerca' o permesso abballo i' pure

chi so che ve ne 'mporta
aggio araputa 'a porta
e so' trasuto cca'
musica musicante
fatevi mordo onore
stasera miezo a st'uommene aligante
abballa un contadino zappatore

no signore avvocato
sentite a me nu ve mettite scuorno
io pe' ve fa' signore aggio zappato
e sto' zappanno ancora notte e ghiuorno
e so' duje anne duje
ca nun scrive nu rigo a casa mia
vossignuria se mette scuorno 'e nuje
pur'i mme metto scuorno 'e 'ossignuria

chi so' dillo a 'sta gente
ca i' songo nu parente
ca nun 'o puo' caccia'
musica musicante

ca è bella ll'alleria
250

i' mo ve cerco scusa a tuttuquante
si abballo e chiagno dint' 'a casa mia

mamma toja se ne more
o ssaje ca mamma toja more e te chiamma
meglio si te 'mparave zappatore
ca o zappatore nun s''a scorda 'a mamma
te chiamma ancora "gioia"
e arravugliata dint' 'o scialle niro
dice "mo torno core 'e mamma soia
se venne a piglia ll'urdemo suspiro"

chi so vuje mme guardate
so' 'o pate i' songo 'o pate
e nun mme po' caccia'
so' nu faticatore
e magno pane e pane
si zappo 'a terra chesto te fa onore
addenocchiate e vaseme 'sti mmane.

L'ultimo, attuale alfiere internazionale della musica napoletana è, forse, **Gigi d'Alessio**, che, grazie a successi come *"Annarè"*, *"Cient'anne"* e *"Non dirgli mai"*, ha venduto nella sua carriera, iniziata negli anni '90, oltre 20 milioni di dischi.

Doverosa menzione va anche al divulgatore e celebratore della musica napoletana per eccellenza, **Renzo Arbore** e, alle nuove giovani speranze: il rapper **Clementino** e il misterioso **Liberato**, di cui attualmente non si conosce l'identità.

251

Mi scuso con tutti gli altri grandi artisti napoletani, meritevoli di degna menzione, aimè trascurati solo per motivi di spazio; tra essi, in ordine assolutamente sparso: **Enrico Caruso, Bruno Venturini, Sergio Bruni, Mario Abbate, Armando Gill, Massimo Ranieri, Enzo Gragnaniello, Aurelio Fierro, Eduardo De Crescenzo, Enzo Avitabile, Gigi Finizio, Sal da Vinci**, ecc.

22.1. Gli strumenti musicali napoletani

Un'ultimo doveroso riferimento, va fatto agli strumenti classici della musica napoletana, che sono:

. **'O Mandulìno**;
. **'A Chitarra**;
. **'O Calasciòne** (nome assunto dal liutaio Calace, una sorta di antesignano del moderno basso);
. **'O Triccheballàcche**, uno strumento a percussione in legno e piattini in alluminio.

Il tipico mandolino napoletano, con la particolare forma bombata della cassa, da cui l'espressione "culo a mandolino"

A questi si aggiungono: **'a tammòrra** (o **tamburièllo**), **'o putipù** (o **caccavèlla**), **'e castagnèlle** (tipo nacchere) ed altri strumenti minori.

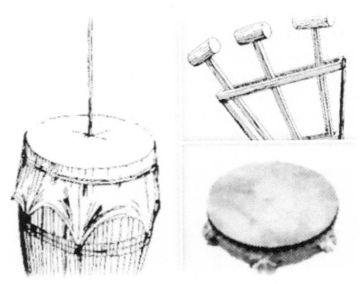

Da sinistra in senso oraio: 'o putipù, 'o triccheballàcche e 'a tammòrra

Col tempo questi strumenti di origine popolare si sono evoluti o sono stati sostituiti da altri più moderni.
Tuttavia, **la musica popolare e folkloristica napoletana e campana sopravvive**, grazie ad abili e appassionati musicisti legati alla tradizione.

In tale ambito, è assolutamente doveroso citare il gruppo più conosciuto e rappresentativo di musica tradizionale napoletana, ossia la **Nuova Compagnia di Canto Popolare (NCCP)**, gruppo fondato nel 1966 dai musicisti napoletani **Eugenio Bennato, Carlo D'Angiò, Roberto De Simone** e

Giovanni Mauriello ai quali si unirono **Peppe Barra, Patrizia Schettino, Patrizio Trampetti, Fausta Vetere** e **Nunzio Areni**.

Attraverso studi filologici e ricerche etnomusicologiche, questo gruppo ripropone la musica popolare campana nel suo stile originale. Il successo che il gruppo ottiene al *Festival dei due Mondi di Spoleto* del 1972, del 1974 e soprattutto del 1976 con *La gatta Cenerentola*, segna il suo lancio internazionale. Da allora la NCCP ha ripetutamente partecipato a numerosi festival d'Europa e d'oltreoceano, alternando l'attività musicale a quella teatrale.

Un gruppo di musica folk napoletana

23. IL TEATRO NAPOLETANO

Continuiamo con la nostra *full immersion* nella cultura popolare napoletana, attraverso un'altra arte dalle antiche origini: il teatro.

Le prime tracce del teatro napoletano risalgono all'opera poetica di **Jacopo Sannazaro** e **Pietro Antonio Caracciolo**, tra la fine del Quattrocento e gli inizi del Cinquecento, ai tempi della corte aragonese. I due poeti, anche attori e registi, ebbero il merito di diffondere la cultura teatrale tra i ceti minori della popolazione.

Il teatro napoletano pre-Novecento fu sostanzialmente legato alla maschera di **Pulcinella**, personaggio che rappresenta da sempre il modo tutto napoletano di vedere il mondo, di umile rango sociale che, grazie alla sua furbizia e alla sua arte di destreggiarsi in qualsiasi situazione, riesce in qualche modo ad averla sempre vinta.

L'epopea teatrale di Pulcinella termina con la maturazione artistica del grande **Eduardo Scarpetta**, che fu il più importante attore e autore del teatro napoletano tra la fine dell'Ottocento e i primi del Novecento, capostipite della dinastia teatrale degli Scarpetta-De Filippo. Il suo capolavoro è la celebre commedia **"Miseria e Nobiltà"**, opera resa celeberrima anche dalla sua trasposizione cinematografica, nel cui cast spicca, tra gli altri, uno strepitoso **Totò**.
Ma il personaggio che consacrò Scarpetta, fu la macchietta **Felice Sciosciammocca**, epigono, appunto di Pulcinella stesso.

«[Sciosciammocca] maschera del piccolo borghese povero ma ambizioso, con il quale [Scarpetta] ha scalzato e spodestato Pulcinella, per realizzare un teatro adeguato a un pubblico che "voleva ridere" ma vedere attori e non maschere sul palcoscenico, attori ben vestiti che recitassero e non improvvisassero ... La comicità deve nascere dall'ambiente, dalla situazione scenica, dal personaggio ... Ma io credo di aver avuto le mie buone ragioni di averla cercata soprattutto nella borghesia dove essa zampilla più limpida e copiosa. La plebe napoletana è troppo misera, troppo squallida, troppo cenciosa per poter comparire ai lumi della ribalta e muovere il riso.» (da E. Scarpetta, Cinquant'anni di palcoscenico)

Eduardo Scarpetta

Scarpetta fu padre di nove figli, legittimi e non, tra cui **Eduardo, Peppino e Titina De Filippo** ed **Ernesto Murolo**, poeta e padre del cantante **Roberto Murolo**.

23.1. Eduardo De Filippo

I fratelli De Filippo iniziarono giovanissimi a calcare le scene (Eduardo a soli 4 anni) e nel 1931 - dopo aver formato una loro autonoma compagnia teatrale - esordirono insieme con l'atto unico "**Natale in casa Cupiello**". Il successo di questi tre attori venne consacrato da una clamorosa tournée nelle città italiane, benché sotto il fascismo Eduardo ebbe non pochi problemi per le sue posizioni contrarie al regime.

Fu solo nel dopoguerra che il successo dei De Filippo giungerà agli storici livelli di commedie quali "**Napoli Milionaria**" e "**Filumena Marturano**", ambientate in una Napoli disillusa in pieno dopoguerra, che s'imposero su scala anche internazionale.

Eduardo, Titina e Peppino De Filippo

La mente del gruppo era sicuramente **Eduardo**, considerato uno dei più importanti artisti italiani del Novecento, autore di numerose opere teatrali da lui stesso messe in scena e interpretate e, in seguito, tradotte e rappresentate da altri anche all'estero. Autore prolifico, lavorò anche nel cinema con gli stessi ruoli ricoperti nell'attività teatrale. Eduardo resta ancora oggi, assieme a Luigi Pirandello, Dario Fo e Carlo Goldoni, uno degli autori italiani più apprezzati e rappresentati all'estero.

Voglio riportarti alcune sue frasi, a testimonianza della grandezza e profondità del suo pensiero.

" 'A vita è tosta e nisciùno t'aiuta, o meglio, ce sta chi t'aiuta ma na vota sola, pe' pute' di': "T'aggio aiutato..." "

" S'adda aspettà, Amà. Adda passà 'a nuttàta. "

" E denare vanno e vénneno quanno ll'ommo vene e va, quanno tene 'o pparlà facile e se sape presentà... "

" Napule è 'nu paese curioso:
è 'nu teatro antico, sempre apierto.
Ce nasce gente ca senza cuncierto
scenne p' 'e strate e sape recita'. "

" Ncopp'a stu munno n'ata padrona nun 'a potevo peggio truvà. "

" Peggio pe' chi sti panne l'ha stracciate,
sapenno ca chi straccia nu vestito ca nun l'ha pavato,
è sempe uno ca straccia 'a rrobb''e ll'ate!"

" *Si 'a guerra se perde, l'ha perduta 'o popolo; e si se vence, l'hanno vinciuta 'e prufessùre.* "

23.2. Antonio De Curtis: Totò

Dai fratelli De Filippo, passiamo al contemporaneo **Totò**, di cui Peppino fu a lungo spalla. Totò, ribattezzato il "**Principe della Risata**", nacque come macchiettista, emulando in questa arte teatrale, il celebre comico napoletano **Gustavo De Marco**, inventore del numero dell'uomo-marionetta, riproposta con grande successo dallo stesso De Curtis.

Totò, ritratto nel 1955, in una sua tipica espressione facciale

Totò era una "**maschera buffa**" nel senso letterario della "**commedia dell'arte**" (come Pulcinella e Arlecchino). Era la maschera di un piccolo "gigante": il più comico e il più napoletano; universalmente comico perché spesso, per suscitare le risate, non aveva bisogno di ricorrere a lazzi o alle battute scherzose: in teatro, ad esempio, bastava che apparisse in scena, senza neanche parlare, che già gli spettatori ridevano. Gli era sufficiente una smorfia, un gesto, un semplice ammiccamento. E poteva anche fare a meno del copione: gli bastava un canovaccio di poche parole e al resto ci pensava lui, improvvisando mimica e dialogo, prolungando un breve sketch anche di quindici o venti minuti, specie se avvertiva, immediato, il calore del pubblico. Invece, sul set quel calore gli mancava, e un po' ne soffriva, ma suppliva ad esso con un eccezionale mestiere, tanto che **recitò in ben 97 film**, con una media di circa 4 pellicole all'anno. Questi numeri sembrano oggi assurdi ma Totò visse l'epoca d'oro del cinema italiano legato a Cinecittà, tra gli anni '50 e '60.

Di Totò voglio citarti una poesia, bellissima: **'A Livella**.

> *Ogn'anno, il due novembre, c'é l'usanza*
> *per i defunti andare al Cimitero.*
> *Ognuno ll'adda fà chesta crianza;*
> *ognuno adda tené chistu penziero.*
> *Ogn'anno, puntualmente, in questo giorno,*
> *di questa triste e mesta ricorrenza,*
> *anch'io ci vado, e con dei fiori adorno*
> *il loculo marmoreo 'e zi' Vicenza.*
>
> *St'anno m'é capitato 'navventura...*
> *dopo di aver compiuto il triste omaggio.*
> *Madonna! si ce penzo, e che paura!,*
> *ma po' facette un'anema e curaggio.*
>
> *'O fatto è chisto, statemi a sentire:*

263

s'avvicinava ll'ora d'à chiusura:
io, tomo tomo, stavo per uscire
buttando un occhio a qualche sepoltura.

"Qui dorme in pace il nobile marchese
signore di Rovigo e di Belluno
ardimentoso eroe di mille imprese
morto l'11 maggio del'31"

'O stemma cu 'a curona 'ncoppa a tutto...
...sotto 'na croce fatta 'e lampadine;
tre mazze 'e rose cu 'na lista 'e lutto:
cannele, cannelotte e sei lumine.

Proprio azzeccata 'a tomba 'e stu signore
nce stava 'n 'ata tomba piccerella,
abbandunata, senza manco un fiore;
pe' segno, sulamente 'na crucella.

E ncoppa 'a croce appena se liggeva:
"Esposito Gennaro - netturbino":
guardannola, che ppena me faceva
stu muorto senza manco nu lumino!

Questa è la vita! 'ncapo a me penzavo...
chi ha avuto tanto e chi nun ave niente!
Stu povero maronna s'aspettava
ca pur all'atu munno era pezzente?

Mentre fantasticavo stu penziero,
s'era ggià fatta quase mezanotte,

e i'rimanette 'nchiuso priggiuniero,
muorto 'e paura... nnanze 'e cannelotte.

Tutto a 'nu tratto, che veco 'a luntano?
Ddoje ombre avvicenarse 'a parte mia...
Penzaje: stu fatto a me mme pare strano...
Stongo scetato... dormo, o è fantasia?

Ate che fantasia; era 'o Marchese:
c'o' tubbo, 'a caramella e c'o' pastrano;
chill'ato apriesso a isso un brutto arnese;
tutto fetente e cu 'nascopa mmano.

E chillo certamente è don Gennaro...
'omuorto puveriello...'o scupatore.
'Int 'a stu fatto i' nun ce veco chiaro:
so' muorte e se ritirano a chest'ora?

Putevano sta' 'a me quase 'nu palmo,
quanno 'o Marchese se fermaje 'e botto,
s'avota e tomo tomo.calmo calmo,
dicette a don Gennaro:"Giovanotto!

Da Voi vorrei saper, vile carogna,
con quale ardire e come avete osato
di farvi seppellir, per mia vergogna,
accanto a me che sono blasonato!

La casta è casta e va, si, rispettata,
ma Voi perdeste il senso e la misura;
la Vostra salma andava, si, inumata;

265

ma seppellita nella spazzatura!

Ancora oltre sopportar non posso
la Vostra vicinanza puzzolente,
fa d'uopo, quindi, che cerchiate un fosso
tra i vostri pari, tra la vostra gente"

"Signor Marchese, nun è colpa mia,
i'nun v'avesse fatto chistu tuorto;
mia moglie è stata a ffa' sta fesseria,
i' che putevo fa' si ero muorto?

Si fosse vivo ve farrei cuntento,
pigliasse 'a casciulella cu 'e qquatt'osse
e proprio mo, obbj'...'nd'a stu mumento
mme ne trasesse dinto a n'ata fossa".

"E cosa aspetti, oh turpe malcreato,
che l'ira mia raggiunga l'eccedenza?
Se io non fossi stato un titolato
avrei già dato piglio alla violenza!"

"Famme vedé.-piglia sta violenza...
'A verità, Marché, mme so' scucciato
'e te senti; e si perdo 'a pacienza,
mme scordo ca so' muorto e so' mazzate!...

Ma chi te cride d'essere... nu ddio?
Ccà dinto, 'o vvuo capi, ca simmo eguale?...
...Muorto si'tu e muorto so' pur'io;
ognuno comme a 'na'ato é tale e quale".

266

"Lurido porco!...Come ti permetti
paragonarti a me ch'ebbi natali
illustri, nobilissimi e perfetti,
da fare invidia a Principi Reali?".

"Tu qua' Natale... Pasca e Ppifania!!!
T''o vvuo' mettere 'ncapo...'int'a cervella
che staje malato ancora è fantasia?...
'A morte 'o ssaje ched''e?...è una livella.

'Nu rre, 'nu maggistrato, 'nu grand'ommo,
trasenno stu canciello ha fatt'o punto
c'ha perzo tutto, 'a vita e pure 'o nomme:
tu nu t'hè fatto ancora chistu cunto?

Perciò, stamme a ssenti... nun fa''o restivo,
suppuorteme vicino-che te 'mporta?
Sti ppagliacciate 'e ffanno sulo 'e vive:
nuje simmo serie... appartenimmo à morte!"

23.3. Raffaele Viviani

Un altro grande del teatro napoletano fu, senz'altro, **Raffaele Viviani**, interprete e autore fondamentale di un **teatro sociale**, sperimentale, che nella prima metà del '900 anticipò il fenomeno del **neorealismo**.

Viviani, dunque, fu esponente di un teatro che metteva in scena i problemi quotidiani dei più umili, gli ultimi, e lo faceva con una prosa in dialetto napoletano. La sua arte soffrì molto nel periodo fascista, dato che il Regime avversò i dialetti e non sovvenzionò il teatro dialettale. Il suo teatro, dunque, non faceva solo ridere ma, soprattutto, riflettere sulla condizione dei più deboli.

Raffaele Viviani, un artista da riscoprire

Di Viviani ti cito la poesia "**Campanilismo**", che evidenzia il carattere un po' invidioso dei napoletani.

Nu Milanese fa na cosa? embè,
tutta Milano: - Evviva 'o Milanese!
È rrobba lloro e l'hann' 'a sustenè,
e 'o stesso 'o Turinese e 'o Genovese.

Roma? : - Chisto è Rumano e si è Rumano,
naturalmente vene primma 'e te.
Roma è la Capitale! E si è Tuscano,
Firenze ne fa subbito nu rre.

Si fa na cosa bona nu Pugliese?
Bari, cu tutte 'e Puglie, 'o ffa sapè.
Si è d' 'a Basilicata o Calavrese,
na gara a chi cchiù meglio 'o po' tenè.

È nu Palermitano o Catanese?
tutt''a Sicilia: - Chisto è figlio a mme!
Si è n'Umbro, Sardo, Veneto, Abruzzese,
'a terra soia s''o vanta comme a cche.

Le fanno 'e ffeste, aizano 'o pavese:
senza suttilizzà si è o nun è.
Nun c'è nu Parmigiano o Bolognese
ca 'e suoie nun s' 'o difendono; e pecché

si è nu Napulitano, 'a città soia,
'o ricunosce e nun ce 'o ddà a parè?
S''o vasa 'nsuonno e nun le dà sta gioia.
E 'e trombe 'e llate squillano: " Tetèee! "

Qualunque cosa fa, siente: - " E ched'è? "
" 'O ssaccio fà pur'io. " " Senza pretese. "
E chesto simme nuie. Dopo di che,
Nun se fa niente 'e buono a stu paese?

269

E tu, Napule mia, permiette chesto?
Strignece 'mpietto a te, figlie e figliaste.
Arapencelle 'e braccia e fallo priesto:
avimm' 'a stà a " guaglione " e simmo maste.

T'avante 'e vermicielle, 'e pummarole:
mmescace pure a nuie si 'o mmeretammo.
Che vvuò ca, cu stu cielo e chistu sole,
te dammo nu saluto e ce ne jammo?

Campanilismo bello, addò sì ghiuto?
facimmolo nuie pure comme a ll'ate.
si no p' 'a gente 'e Napule è fernuto,
e nun sarrammo maie cunsiderate.

Talento ne tenimmo, avimmo ingegno:
nu poco sulo ca ce sustenimmo,
cunquistarrammo chillu posto degno
ca, pè mullezza nosta, nun tenimmo.

Quanno na cosa è bbona e è nata ccà,
nu milione 'e gente l'ha da dì.
E vedarraie po' Napule addò va,
cu tutto ca è 'o paese d' 'o ddurmì.

23.4. Massimo Troisi

In tempi più moderni, l'uomo simbolo del teatro e della drammaturgia napoletana, è divenuto **Massimo Troisi**, artista che debuttò con il cabaret. Troisi, infatti, si impose agli onori delle cronache con il trio **"La Smorfia"**, assieme agli amici **Lello Arena** ed **Enzo Decaro**, grazie alla trasmissione televisiva *"Non stop"* della RAI.

Massimo Troisi, un artista che ci ha lasciati troppo presto

Troisi riuscì a dare una forma di teatralità al cabaret, che fino al quel momento era improntato solo su barzellette e aneddoti. Infatti, con la sua mimica facciale, quel suo parlare sempre in dialetto e talvolta imbranato, ne fecero un'altra maschera del grande repertorio del teatro napoletano, un Pulcinella moderno, senza costume e maschera.

La comicità di Troisi si basava molto sull'autoironia e sul sapersi prendere efficacemente in giro. Ma lo faceva in modo sincero e mai stucchevole, riuscendo, in modo sublime, a ironizzare sui propri limiti e difetti.

Per questo era tanto amato, perché suscitava una genuina ilarità e tenerezza contemporaneamente, grazie alla sua innata e spontanea umiltà e modestia. Tali sentimenti, sapeva comunicarli con la voce, sempre tremolante e timida, con le espressioni facciali, connotate da un sorriso dolce e buono con cui sapeva anche sfottere con pungente sarcasmo e, infine, con la gestualità del corpo, simile nelle posture alla stanchezza fisiognomica di Eduardo.

Citandolo direttamente, ti riporto, appunto, un esempio di quanto appena detto.

„Comm'aggio accuminciato? Ecco... io ero 'nu guaglione... ero andato a vedere un grande film. Si trattava di Roma città aperta, chillu grande lavoro di Rossellini. Me n'ero uscito r'o cinema con tutte quelle immagini rint'a capa e tutte quante le emozioni dentro.
Mi sono fermato 'nu mumento e m'aggio ritto...
'Massimo, da grande tu devi fà 'o geometra'.“

23.5. Il teatro napoletano di oggi

Oggi, molti considerano suo erede **Alessandro Siani**, che come lui nasce cabarettista, prima di passare al cinema. Il cabaret di Siani, a differenza di quello di Troisi, è meno colto e poetico ma è più esplosivo e buffonesco, riprendendo a tratti la vecchia tradizione della macchietta.

E qual è il futuro del teatro e della commedia napoletana? Forse la risposta può venire dalla fucina del prolifico progetto "**Made in Sud**", già noto programma televisivo, o comunque, dall'inesauribile creatività del popolo napoletano.

Scusandomi per le immancabili omissioni e dimenticanze, concludo anche questo capitolo con una doverosa carrellata di nomi di artisti che hanno fatto o continuano a fare la storia del teatro napoletano. Grazie, in ordine sparso, all'arte di: **Nino Taranto, i fratelli De Rege, i fratelli Maggio, Aldo e Carlo Giuffré, Sophia Loren, Vincenzo Salemme, Carlo Buccirosso, Maurizio Casagrande, Carlo Pedersoli in arte Bud Spencer, Tony e Ross, Biagio Izzo, Peppe Barra, Leopoldo Mastelloni, Enzo Cannavale, Antonio Allocca, Luciano De Crescenzo, Giobbe Covatta, i Ditelo Voi, Simone Schettino, i Gallo, Francesco Paolantoni, Nando Paone, Riccardo Pazzaglia, Antonio Petito, Tina Pica, Rosalia Porcaro, Giacomo Rizzo, Benedetto Casillo, Renato Rutigliano, Regina Bianchi, Luisa Conte, Ida Di Benedetto, Giuliana De Sio, Lina Sastri, Marina Suma, Marisa Laurito, Serena Autieri, Serena Rossi**, ecc.

273

24. UNA DOMENICA NAPOLETANA

Oggi facciamo finta che sia domenica! Voglio descriverti, anzi farti vivere una tipica domenica da napoletano.

Innanzitutto, ci svegliamo con calma, senza stress, tipo verso le dieci del mattino.

Buongiorno mammà, ce stà nu poco 'e cafè?

Una buona giornata per un napoletano, non può che cominciare con un buon caffè!

Risponde la mamma, già da ore ai fornelli:
. *Uè Cirù, s'è fernùto, mò o faccio n'ata vota! Fa' na cosa, bell 'e mammà, gira nu poco 'o raù...*
. *Vabbuo' mammà, te giro 'o raù e me vaco a vestì!*

Dopo il caffè, il napoletano esce e va al bar per mangiare una bella sfogliatella.

. *On Cì, me rate 'na bella sfugliatella, gentilmente?*
. *Comme no, Cirù! Comm' a vuò, riccia o frolla?*
. *Sempe riccia, On Cì, ogne riccio nu capriccio!*

Dopo aver mangiato la sfogliatella e aver sbirciato un po' la pagina sportiva del *Mattino*, il noto quotidiano locale, Ciro va a giocare, come ogni domenica mattina, una bella "bolletta", presso il vicino centro di scommesse sportive.

. *Uè guagliù, comme jamm? Tutt appost?*

. Uè Cirù, tutt apposto e niente ovèro, come sempre!

Tipiche frasi di circostanza, da saluti, tra amici…

. Allora, avite iucàto già 'sta bullètta?
. No Cirù, stammo nu poco indecisi…
. Ovèro? E pecchè?
. Eh, sta 'stu Sassuolo-Sampdoria… nun sapìmme si iucà l'X o l'X2…
. Eh, verìte bbuono, ca forze nun joca Quagliarella… forze è meglio na granda X!

Così il napoletano *s'intallèa* (si attarda) nella sala scommesse, fino a quando non chiama la mamma…

. Pronto mammà, che rè?
. Uè Cirù, bell'à mammà, nun me recere niente ma issa accattà nu poco 'e paste, ca patèt nun scenne chiù, pecchè nun se sente tanto bbuono…
. Vabbuò mammà, ce vaco ije, c'aggia piglià?
. Fa tu… piglia nu par 'e babbà, nu cannuòlo, na cassatina, nu par 'e sciù, na zuppetta inglese e po' chell ca te piace a tte, bell 'e mammà!
. Vabbuò mammà, mo' bec' ije!

Così, di fronte all'impellenza dolciaria, Ciro si affretta a congedare gli amici e và…

. Guagliù, me n'aggia fuì…
. Che r'è Cirù, ch'è succièss?
. No niente, aggià iì a accattà 'e paste pe' miezz juòrno! Ce verìmm!
. Vabbuò Cirù, statte bbuono e sempre forza Napoli!
. Sempe guagliù!!!

276

Dopo aver comprato i dolci e il giornale, Ciro torna a casa per trascorrere il classico pranzo della domenica in famiglia.

. Uè zì Tere', state pure vuje oggi!

Nota: per riverenza, il giovane napoletano può chiamare zio o zia anche gli anziani ritenuti di famiglia, pur non essendolo tecnicamente parenti all'anagrafe. Dare del voi, rafforza il senso di rispetto tra il giovane e l'anziano, che invece risponde con il tu.

. Uè Ciruzzo bello, t'aggio fatto 'e lasagne, bell ra zia!
. Uà zì Tere', site sempe a nùmmero uno! Ve voglio tropp bben!
. E tu sì 'o core mio, Cirù. Ma dìmme, bell ra zia, te sì mis a fa ammòre?
. No, 'a zì, ma che aggià fa? Ije so' ancora guagliòne…
. Eh Cirù… T'aggià visto ncopp 'o mezzo cu chella bella figliòla, l'ata sera…
. Ma quale, 'a zì, 'a rossa o 'a bionda?
. Eh Cirù, è pigliàt tal e quale a chillu sciupafèmmene 'e pàtet!

Come mostra questo breve dialogo, tra Ciro e Teresa, amica storica della madre, il clima del pranzo domenicale napoletano è molto conviviale e scanzonato.

Dopo un lauto pranzo, verso le 15:30…

. Mammà, vuò fa nu bellu cafè?
. E comme no Cirù, ce vò! Ma stasera vaje 'o stadio?
. No mammà, 'o Nàpule joca in trasferta oggi…
. Embè, che faje, jesci ch'è cumpàgn?

. *Si mammà*

. *E arò ve ne jate 'e bell?*

. *Forze all'Edenlandia, ce verìmm 'a partita 'nta nu pub e po' ce facìmm' nu giro ncopp 'e giostre, semp si nun ven primma a chiòvere…*

. *Azz! All'Edenlandia? Ma nun stev' chiusa?*

. *Eh mammà, l'hanna riaperta nu poc 'e tiemp fà, mò funziona n'ata vota pe' furtùna! E vuje che facìte?*

. *Sì papà se sente megliò, ce ne jamm a fà na cammènata ncopp 'o lungomare e forze ce magnàmm pure na bella pizza 'o Borgo Marenaro.*

Il parco divertimenti Edenlandia di Napoli, inaugurato nel 1965

Dunque, in questo capitolo, ti ho ritratto una tipica domenica napoletana, con tutti i suoi caposaldi: il pranzo in famiglia, la partita del Napoli e una bella passeggiata sul lungomare.

278

25. UN GIORNO AL MERCATO

Napoli è ricca di mercati rionali, dove poter trovare tanti articoli diversi a prezzi contenuti. Questi luoghi sono parte integrante della cultura e del folklore della città e, nonostante i tempi siano cambiati, il fascino che li caratterizza è rimasto inalterato. Passeggiare tra le bancarelle che animano questi luoghi, significa non solo fare grandi affari comprando il capo griffato a prezzo stracciato o l'oggetto vintage introvabile, ma anche respirare l'atmosfera unica che li contraddistingue. Il linguaggio colorito dei commercianti, i cartelloni con offerte incredibili accompagnate da slogan divertenti, i colori e i profumi che provengono dalle casse contenenti i prodotti tipici locali: **i mercatini di Napoli sono una tappa necessaria per chi vuole conoscere la vera anima della città.**

Tra i vari mercati, uno dei più rappresentativi è sicuramente quello di **Porta Nolana**, tra i più antichi e famosi di Napoli, operativo presso **Piazza Mercato**, tutti i giorni dalle 8:00 alle 14:00.
Il mercato, con i suoi numerosi stand che si sviluppano lungo il Corso Garibaldi, è il più affollato di tutta Napoli. Ogni giorno, offre specialità ittiche diverse ma soprattutto primo pescato e paranza di giornata. Qui è possibile trovare tutti i tipi di pesce: dalle orate alle pezzogne, dagli astici alle aragoste, e gli immancabili frutti di mare. Accanto ai prodotti ittici è possibile trovare anche prodotti tipici locali e delle più svariate categorie merceologiche. Nella notte dell'antivigilia, tra il 23 e il 24 dicembre, il mercato di Porta Nolana si anima ulteriormente con un'intera nottata dedicata all'acquisto del

capitone e del baccalà da cucinare al cenone di Natale. Si tratta di un vero e proprio rito e tappa irrinunciabile per i napoletani.

L'antico mercato di Porta Nolana

Detto ciò, passiamo alla nostra visita simulata al marcato! Questa volta la nostra protagonista è Gioia, una bella signora bionda, che si reca al mercato di Porta Nolana per fare un po' di spese.

. Signo' che v' serve?!? Tenìmm 'o pesce chiù bell 'e Nàpule!

Il mercato napoletano è, forse, uno dei più rumorosi e folkloristici del mondo, un vero teatro di vita. I venditori sono dei veri strilloni, impegnati continuamente a richiamare l'attenzione dei passanti, esaltando le qualità della propria mercanzia. Non farti intimidire da questi aguerriti venditori: puoi tranquillamente fermarti a osservare la loro merce, chiedere informazioni ma non devi mai sentirti obbligato a comprare!

. *Capo, ma stu pesce è frisc?*

. *Azz signo', chiù frisc e chist? Nun 'o verìte ca pare vivo?*

Al mercato i venditori vengono chiamati "capo". Questo è un modo napoletano di attirare l'attenzione di una persona che non si conosce. Attenzione, è un modo adatto ad ambienti come mercato ma non è il massimo della finezza.

. *Sentite, ma 'o tenìte 'o capitone?*

. *No signo', è ancora ambrèss po' capitòne, se ne parla 'o mese ca trase...*

. *E sentite, quant' ven' stu' baccalà?*

. *Signo', chist' è 'o meglio ra piazza, fà sette eur 'o chil!*

. *Vabbuò, facìteme nu chil 'e baccalà e nu chil 'e alici.*

Dopo aver fatto la spesa di pesce, la signora Gioia passa alla bancarella della frutta.

. *Capo! A quant' è facite 'sti purtuàlle?*

. *Signora bella, venen sul n'eur e cinquanta 'o chil, quant ve n'aggia fa?*

. *Facìteme duje chil 'e purtuàll e nu chil 'e perzeche*

. *Subbeto signò! 'E limun è vulìte?*

. *Vabbuò, facìteme pure nu miezzu chil 'e limùn e nu quart 'e susìne.*

. *A disposizione!*

. *Capo, me mettìt pur nu poc 'e addùre?*

. *Comm no, signò, chill so semp in omaggio pe' vuje!*

Nota: A Napoli, i fruttivendoli, in genere, regalano ai propri clienti che acquistano frutta e verdura, i cosiddetti "**odori**", ossia qualche mazzetto di prezzemolo, basilico e rosmarino freschi. Non ti stupire, pertanto, se un napoletano altrove, si stupisce di dover acquistare e quindi pagare "gli odori".

Regalare gli "odori" a Napoli è una consuetudine come il bicchiere d'acqua offerto gratis, al bar, in accompagnamento al caffè.

Infine, Gioia passa tra le bancarelle dedicate all'abbigliamento.

. *Capo! Quant vene sta maglia?*
. *Signo', chesta ven sul vint euro, è Versace!*
. *Ah si? Ma è fàuza o origginàle?*
. *Signò ma quale fàuza?!? Nuje tenimm sul robba origginàle! Tenimm sul 'a meglia robba, signò!*
. *Mh, sentite, e a tenìte 'a S?*
. *'A S? Signò pe' vuje ce vo' na bella M! Tenìte ccà, pruvatavèlla!*
. *E addò me l'aggia pruà?*
. *Signò, trasìte pa 'ccà, ncopp 'o furgòne, verìte...*
. *Vabbuò lassàte stà, a uòcchie, me pare ca me sta' bbona. Ma si è coccòsa, se po' cagnà!*
. *Comm no signò, abbasta can un ce luàte 'o cartellino!*

Beh, questi potrebbero essere dei tipici dialoghi da mercato napoletano ma **bada bene al fattore sconto: a Napoli è tipico tirare un po' sul prezzo, specialmente al mercato.** I venditori delle bancarelle, infatti, sono ben abituati a contrattare i prezzi con i clienti e ad accordare sempre un po' di sconto.

. Capo m'a facìte quìnnec'euro?

. No signò, quìnnece nun va pozz pop fa, sinnò va regalo... dàteme riciotto jà!

. Jà, tenìteve riciassètte, n'euro mò stipo po' cafè!

. Vabbuò signò! E che ce tenìte...

Questa potrebbe essere una tipica, breve, contrattazione volante. Nota che l'espressione bonaria *"che ce tenìte"*, letteralmente "che ci tenete...", si usa a mo' di impropero quando se la da vinta a qualcuno.

26. UN INCONTRO CASUALE

I Napoletani sono molto cordiali e di buona compagnia. Amano molto conversare, anche animatamente e rumorosamente, tanto che il napoletano medio, all'estero, si riconosce facilmente per il suo tono di voce, generalmente, poco sobrio.

Se il napoletano incontra qualcuno che conosce al bar, è solito offrirgli il caffè e guai rifiutare, potrebbe offendersi. Ma la sua proverbiale cordialità si esplicita anche durante il passeggio, quando in genere si incontra qualcuno per strada.

Immaginiamo, dunque, un dialogo tipo tra un giovane e un anziano, che si incontrano lungo via Toledo.

. *Oi Cì! Comm sì crisciùto, tenìv n'anno quann t'aggia vist pa' primma vota...*
. *Eh comm, nun m'arricòrd?*
. *Come?*
. *Eh, ricèv, nun m'arricòrd, pecchè sev tropp piccerìll all'epoca...*
. *Certo, è normale... E allora? Pàrlam nu poc ra famiglia toja, ri frat tuoje, comme stann?*
. *Eh so' crisciut tutt quant...*
. *E patèt?*
. *È criscùt pur iss!*
. *Azz! E quant è aut mò?!?*
. *Mah, sarrà nu metr, nu metr e vinte...*
. *E che r'è, nu nano?*
. *No, no, che avite capìto... è crisciut nu metr e vint chiù i chell che già seva...*

. *Azz... è quant'è aut mò?*

. *E che sarrà... nu tre metr e miezz...*

. *Eh Eh, tu me sfutt! Ije e patèt stèvem 'e scole nzième...*

. *Eh si,si, o saccio...*

. *Ma dimme na cosa, oi Cì, tu siv accussì bellìll a piccerìll... ma comm t' sì fatt brutt...*

. *Eh, criscènn m' so guastat...*

. *Ah, te sì spusàt?*

. *No, no, pe' carità...*

. *E 'a povera Cuncettìna?*

. *Sta benissimo...*

. *Ma comm?*

. *S'è spusàta pure...*

. *Là?*

. *Eh, ha avut pur quatt criatùre...*

. *Ma comm, si chell'è morta?*

. *Murètt... po' se spusàje...*

. *Eh Cirù, sì tal e qual a pàtet, tien sempe genio e pazzià...*

A proposito, saluttamìll! Diccèl, Tunì, te saluta Enzuccio Brescia...

. *Ma chi è stu Ciro? Ije me chiamm Ciccio e song 'o figlio e Pinuccio 'o Barone...*

. *Azz! Ma allor nun sì Ciro 'o figlio 'e Tunìno?!?*

. *Ma qual Ciro! E quale Tunìn e Tunìn!!! Ma jat a fancul vuje e llor!*

Questo surreale dialogo immaginario, frutto di un clamoroso equivoco, si concluderebbe con delle grasse risate e un abbraccio tra gli astanti, terminando con il classico congedo *"Stàteve bbuono!"* e *"Tanti belli ccose!"*.

Ma, scherzi a parte, **di cosa parlano i napoletani per fare conversazione?**

286

Beh, un tema classico, molto sentito è quello sportivo, relativo alle vicende calcistiche del Napoli.

I napoletani sono molto tifosi e se vuoi farti apprezzare da loro, tira subito in ballo Maradona, tessendo le sue lodi.

Maradona per i napoletani è una divinità, amato e rispettato al pari di San Gennaro. Mai parlare male di lui, a Napoli equivale a bestemmiare!

Un tempietto di Maradona a Napoli

In tutti i bar di Napoli, dunque, a qualsiasi ora del giorno e della notte, si parla di calcio e in particolare del Napoli. La Juventus, invece, è la squadra più odiata dai napoletani. Se sei juventino, dunque, non farlo sapere troppo in giro.

Altro tema di conversazione tipico e sempre molto apprezzato è **"il mangiare"**, ossia il cibo.

I napoletani, apprezzano moltissimo l'arte della tavola e non si tirano mai indietro quando si tratta di mangiare.
Se a tavola si mangia la mozzarella, si discute sempre di quale sia il caseificio migliore o se sia meglio la mozzarella di Caserta o quella di Battipaglia. Se si mangia la pizza, si discute sempre su quali siano le pizzerie migliori della città. E così via.

Ogni cosa a Napoli può diventare oggetto di discussione.
Se prendi il taxi, sappi che dovrai conversare col tassista. Difficilmente, infatti, troverai il tassista silenzioso e musone, che ti farà fare la corsa in santa pace. Molto più probabilmente, riconoscendoti come forestiero, ti farà un interrogatorio di terzo grado. Non intimidirti, è normale. Piuttosto, attaccherà bottone con le solite cose, tipo com'è il tempo o cose simili.

Stai attento alle cosiddette **"capère"**, ossia alle donne a cui piace molto fare gli inciuci. Se confidi loro un segreto, è molto probabile che nel giro di mezzora, lo sappia tutto il rione. Le riconosci per la loro spiccata curiosità e loquacità.

Ultimo avvertimento: diffida dai napoletani che si lamentano troppo! È la cosiddetta arte del **"chiàgnere e fottere"**, ossia di esercitare costantemente una sorta di pianto propiziatorio, ovviamente figurato, attraverso il lamentarsi e criticare tutto e tutti, previo, poi, agire altrettanto in malo modo.

27. CHIEDERE INFORMAZIONI A NAPOLI

In primis, a Napoli, se non sei del posto, devi stare attento al traffico. Che tu sia automobilista o pedone, fai molta attenzione ai semafori e ai suoi colori: non sempre saranno indicativi del corretto stato del traffico. Detto in altre parole, è vero che i napoletani non sempre rispettino i semafori, tranne se presso di essi vi sono le telecamere. In caso di rischio multa, il napoletano diventa più preciso dello svizzero.

Se arrivi a Napoli in macchina e devi chiedere informazioni, ti consiglio di accostare e mettere le quattro frecce, per due motivi essenziali: prima cosa, chi ti darà informazioni lo farà con estrema calma e minuzia di dettagli e, seconda cosa, se non metti le quattro frecce, sarai sommerso dai clacson delle auto dietro. Eh sì, perché, come il napoletano è chiassoso nella vita, così lo è anche nella guida.

Altro avvertimento: i napoletani amano molto gesticolare, amano molto il contatto fisico e parlano molto da vicino. Quindi, se chiedi informazioni, non ti meravigliare se l'interrogato infili quasi la sua testa nel tuo finestrino.

Il tema della prossemica è molto particolare a Napoli.
I napoletani, in generale, sono molto affettuosi, calorosi e carnali, per cui, anche se ci si conosce da poco tempo, è facile che subito scattino grandi manifestazioni di amicizia e affetto, anche di tipo fisico: abbracci, baci, pacche sulle spalle, carezze, pizzicotti sulle guance, eccetera.

Se sei del nord, sappi che **tra amici a Napoli ci si saluta anche con il bacetto e non solo con la stretta di mano**, anche tra uomini.

Dunque, non dimostrare freddezza e distacco, se fai amicizia con un napoletano e se questi ti dimostrerà anche fisicamente il suo affetto o se ti offrirà un caffè al bar, accettalo.

Ma torniamo a bomba al focus di questo capitolo: **come chiedere informazioni a Napoli?**

Dunque, facciamo finta che sei alla Stazione e vuoi arrivare a Piazza Plebiscito...

. *Scusate!*
. *Ditemi!*
. *Pe' piazza Plebiscito?*
. *Ata ij a piazza Plebiscito, signò?*
. *Si...*
. *E comm ce vulit ij, a pper o pe' mezzi?*
. *A pper!*
. *Vabbuò, stàtem a sentì... A verìte chella via là nfunno?*
. *Eh!* (eh in questo caso significa si)
. *Chill è 'o Rettifilo.*
. *Mh..*
. *Ata piglià chella via e ata ij sempe reritto, semp, semp, semp reritto, fino a piazza Bovio...*
. *Ah e po'?*
. *Po' avìt proseguì fin'ò Municipio. Nun ve putìte sbaglià, pecché verìte 'o Castiello pop nfaccia a vuje...*

290

. 'O Maschio Angioino?

. Esatt! A chillu punto, site quas arrivat. Bast ca pigliàt via San Carlo, fin 'o teatro e sit pop arrivat... Ma vuje arò ata ije 'e precis?

. A via Chiaia...

. Embè, che ce vo? È chella viarella ca sta miezz, tra a piazza ro Plebiscito e via Tuledo, iust' annanz 'o Teatro... Avite capito?

. E comm no... Appost! Aggia capit tutt cos... me ne torn 'a casa!

In questo ipotetico dialogo, chi chiede informazioni, rimane piuttosto confuso. Ma a Napoli non avrai problemi: **i napoletani sono così cordiali e disponibili, che potrebbero offrirsi finanche di accompagnarti fin dove devi andare!**

28. VISITARE NAPOLI (PARTE I)

Ora che sei in grado di comprendere e parlare il napoletano e, soprattutto, hai assorbito quanto basta della cultura di Napoli, sei pronto per visitare la città partenopea!
In questi ultimi tre capitoli, ti illustrerò gli itinerari e i posti da vedere assolutamente.

La prima parte del nostro tour napoletano è dedicata alla parte più storica della città in 6 tappe. Per muoverti puoi sfruttare i mezzi e spostarti a piedi. Iniziamo subito!

Tappa 1 – Piazza Municipio

Ci arrivi con la metropolitana, scendendo alla fermata Municipio. Sei già in un posto meraviglioso! Per prima cosa, puoi visitare il **Castel Nuovo**, detto **Maschio Angioino**.

Una veduta aerea del Maschio Angioino

Puoi visitare questo imponente castello medievale attraverso il **Museo Civico** al suo interno.

Dopo aver visitato il Castello, puoi recarti alla vicina **Galleria Umberto I**, per ammirarne la bellezza e prendere un caffè nel suo interno.

L'interno della Galleria Umberto I

Un lato della Galleria dà sul prestigioso e antico **Teatro San Carlo**. Se sei un appassionato di teatro lirico, potresti informarti per acquistare il biglietto di uno spettacolo.

Dal Teatro, ti recherai all'antistante **Piazza Plebiscito**, la piazza più bella della città, su cui si affaccia il **Palazzo Reale di Napoli**, costruito a partire dal 1600 e a lungo residenza dei Borbone.

Prima di abbandonare questa tappa, fai un salto allo storico **Gran Caffè Gambrinus**, caratterizzato da un inconfondibile **stile liberty** e sede, durante la **Belle Époque**, di un tipico **Cafè Chantant**, in cui spiccava la figura artistica della "**sciantosa**", vera diva dell'epoca.

Tappa 2 – Piazza del Gesù

Da Piazza Plebiscito prendi **via Toledo**, la storica via cittadina dello struscio e dello shopping, e te la fai tutta fino ad incrociare la cosiddetta **Spaccanapoli**, ossia l'antico **Decumano Inferiore** di epoca greco-romana, poco prima della Basilica dello Spirito Santo. Imboccando Spaccanapoli sulla tua destra, arrivi subito a Piazza del Gesù e sei nel **centro storico di Napoli**.

Su Spaccanapoli si affacciano numerosi edifici di culto di significativa importanza, centri della cristianità napoletana. Tra i principali vi sono la **Chiesa del Gesù Nuovo**, quella di **Santa Chiara** e quella **San Domenico Maggiore**.
Spaccanapoli è davvero il cuore pulsante di Napoli e quanto di più tipico possa esserci in questa città. È una stradina molto stretta, piena di negozi, pizzerie e bar. Qui potrai gustare dell'ottimo *street food* partenopeo, tra un monumento e l'altro.

Una delle maggiori attrazioni della zona è sicuramente la **Cappella di Sansevero**, sita in via Francesco de Sanctis. Essa, in particolare, è famosa per la statua del **Cristo velato**. Questa opera, realizzata nel 1753 da Giuseppe Sanmartino, è considerata uno dei maggiori capolavori scultorei mondiali, per l'abilità con cui lo scultore napoletano seppe realizzare il velo. Tale è il suo realismo, che ben presto si diffuse la leggenda, poi smentita, che il velo non fosse stato scolpito dal marmo ma fosse di vero tessuto, marmorizzato grazie a un'alchimia segreta.

Il volto del Cristo velato

Riprendendo Spaccanapoli, in direzione Via Duomo, troverai sulla tua sinistra la famosissima Via **San Gregorio Armeno**, altresì conosciuta come **la strada dei presepi**.
Se vi capitassi nel periodo natalizio sarebbe il top, altrimenti percorrila comunque, in quanto le botteghe dei pastori sono attive e visitabili durante tutto l'anno.

Tappa 3 – Il Duomo

Spaccanapoli incrocia **Via Duomo**, prendila girando a sinistra, in direzione del Duomo, ossia la **Cattedrale di Santa Maria Assunta.**

Si tratta di una delle più importanti e grandi chiese della città, sia da un punto di vista artistico, poiché essa è di fatto la sovrapposizione di più stili che vanno dal gotico puro del Trecento fino al neogotico ottocentesco, che sotto un profilo culturale, ospitando, infatti, tre volte l'anno il rito dello **scioglimento del sangue di San Gennaro.**

Il rito dello scioglimento del sangue di San Gennaro

Presso il Duomo, interessante da visitare è anche il **Museo del Tesoro di San Gennaro.**

Tappa 4 – Il Museo Nazionale

Dopo aver visitato il Duomo, procedi per via Duomo fino a incrociare **Via Foria**. Da qui, gira a sinistra e procedi fino al **Museo Archeologico Nazionale**, che incontrerai in fondo **Piazza Cavour**.

Il **MANN** (Museo Archeologico Nazionale di Napoli) è considerato uno dei più importanti musei archeologici al mondo se non il più importante per quanto riguarda la storia dell'epoca romana.

Una sala interna del Museo Archeologico Nazionale

Il museo è formato da tre sezioni principali: la **collezione Farnese** (costituita da reperti provenienti da Roma e dintorni), le **collezioni pompeiane** (con reperti provenienti dall'area vesuviana, facenti parte soprattutto delle collezioni borboniche) e la **collezione egizia** che, per importanza, si colloca nel mondo al terzo posto dopo quelle del museo egizio del Cairo e del museo egizio di Torino.

Tappa 5 – La Sanità

Da piazza Museo, prendi via Santa Teresa degli Scalzi e procedi fino al **rione Sanità**, che dette i natali al grande **Totò**, la cui casa sorge in via Santa Maria Antesaecula. Dal **ponte della Sanità** puoi prendere l'**ascensore della Sanità**, che ti porta dalla via sopraelevata, direttamente nel cuore del rione.

La Sanità è ritenuto un quartiere malfamato di Napoli ma ultimamente lo si sta rivalutando molto, giustamente, da un punto di vista artistico e culturale. Moltissimi sono, infatti, i suoi monumenti e luoghi di interesse, come i tanti palazzi barocchi tra cui spicca, senz'altro, il **Palazzo dello Spagnolo** in via Vergini, famoso per l'architettura del suo vano scale.

Le scale del Palazzo dello Spagnolo

Presso la Sanità devi visitare il **borgo delle Vergini**, detto anche **borgo barocco**. Si tratta di un'animatissima parte della città costituita dalla **via dei Vergini**, sede di un florido mercato all'aperto. Sulla strada affacciano alcune delle più importanti architetture barocche della città, come il succitato palazzo dello Spagnolo e vari edifici religiosi: la **chiesa di Santa Maria dei Vergini**, la **chiesa della Missione ai Vergini** e la **chiesa di Santa Maria Succurre Miseris ai Vergini**. Nelle estreme vicinanze la **chiesa di Sant'Aspreno ai Crociferi** nella parte detta delle **Crocelle** (così veniva appellata la zona dove erano presenti i frati di San Camillo de Lellis) e la **chiesa di Santa Maria della Misericordia ai Vergini** detta popolarmente la **Misericordiella**.

Il rione della Sanità è molto famoso a Napoli per i suoi **sotterranei**, dall'enorme valore culturale per la stratificazione archeologica e storico-artistica che testimoniano. Il loro valore è enorme dato che rappresentano l'ideologia funeraria di Napoli, dalla fine del IV sec. a.C. ai giorni nostri.

In merito, ti segnalo: le **Catacombe di San Gennaro**, le **Catacombe di San Gaudioso**, le **Catacombe di San Severo**.

Le Catacombe di San Gennaro, in particolare, sono antiche aree cimiteriali sotterranee risalenti al II-III secolo e rappresentano il più importante monumento del Cristianesimo a Napoli.

Le Catacombe di San Gennaro

Discorso a parte, merita il **Cimitero delle Fontanelle** che, realizzato all'interno di una gigantesca cava di tufo, al meglio rappresenta, attraverso il **culto delle anime pezzentelle**, il particolare rapporto che il popolo napoletano ha con l'aldilà.

In pratica, presso questo enorme cimitero sotterraneo, ricolmo di migliaia e migliaia di resti di defunti senza nome, esisteva la tradizione di adottare una **capuzzella**, ossia un teschio, per richiederne in cambio protezione e favori.

Chi adottava la capuzzella di un'anima pezzentella, pregava per alleviarne le sue sofferenze in purgatorio, creando un vero e proprio rapporto di reciprocità, in cambio di una grazia o dei numeri da giocare al lotto. Se le grazie venivano concesse, il teschio veniva onorato con un tipo di sepoltura più degno: una scatola, una cassetta, una specie di tabernacolo, secondo le possibilità dell'adottante. Ma se il sabato i numeri non uscivano o se le richieste non erano

301

esaudite, il teschio veniva abbandonato a se stesso e sostituito con un altro e la scelta possibile presso il Cimitero delle Fontanelle era, a dir poco, vasta. Se il teschio era particolarmente generoso, invece, si ricorreva addirittura a metterlo in sicurezza, chiudendo la cassetta con un lucchetto.

La cappella-ossoteca del Cimitero delle Fontanelle

I teschi, inoltre, non venivano mai ricoperti con delle lapidi, perché fossero liberi di comparire in sogno, di notte. Secondo la tradizione popolare, infatti, l'anima del Purgatorio rivelava in sogno la sua identità e la sua vita. Il devoto ritornava allora sul luogo di culto, raccontava il sogno, e se l'anima del teschio era particolarmente benevola, si concedeva a tutti di pregare lo stesso teschio determinando così una sorta di santificazione popolare.

Questo culto, sebbene vietato dalla Chiesa che lo riteneva pagano, fu particolarmente vivo negli anni del secondo conflitto mondiale e nei primi decenni del secondo dopoguerra: la guerra aveva diviso famiglie, allontanato parenti, provocato morti, disgrazie, distruzioni, miseria. Non potendo aspettarsi aiuto dai vivi, il popolo lo chiedeva ai morti, e l'evocazione delle anime purganti diventa insieme la concreta rappresentazione della memoria e la speranza di sottrarsi miracolosamente all'infelicità e alla miseria.

Tappa 6 – Capodimonte

Concludiamo questo primo tour di Napoli arrivando a Capodimonte, zona poco distante dalla Sanità. Qui visiterai la **Reggia di Capodimonte**, attraverso l'omonimo Museo, e il Bosco di Capodimonte, il più grande parco di Napoli.
La Reggia fu costruita nel 1738 per volere di Carlo di Borbone e dal 1957 ospita il Museo nazionale di Capodimonte. All'interno della Reggia ti consiglio di visitare l'**Appartamento Reale** e le sue meravigliose sale, tra cui: il Salone delle Feste, il Salottino di Porcellana, il Salone delle Feste e il Salone della Culla.

Il **Museo nazionale di Capodimonte**, che comprende anche l'Appartamento Reale di cui sopra, si sviluppa su due livelli ed è caratterizzato da una ricchissima pinacoteca caratterizzata dalla presenza di dipinti di ogni epoca, scuola e da opere uniche, di artisti illustrissimi. Molto interessante anche la sezione dedicata all'**arte contemporanea**, che espone, tra gli altri, il capolavoro del maestro della pop art **Andy Wharol**, intitolato "**Vesuvius**" (vedi ill. copertina).

29. VISITARE NAPOLI (PARTE II)

La seconda parte del nostro tour napoletano è dedicata alla parte più naturalistica e panoramica della città: percorreremo il lungomare di **Mergellina** fino a risalire la collina di **Posillipo**. Pronto?

Tappa 1 – Castel dell'Ovo

Partiamo dallo storico Castel dell'Ovo, il più antico della città, che sorge sull'isolotto di tufo di Megaride, propaggine naturale del **monte Echia**, che era unito alla terraferma da un sottile istmo di roccia. Questo è il luogo dove venne fondata **Parthènope** nell'VIII secolo a.C., per mano cumana. Oggi nelle sue grandi sale si svolgono mostre, convegni e manifestazioni ed è, inoltre, possibile salire sulla sua grande terrazza panoramica, la **terrazza dei cannoni**.

Castel dell'Ovo, come si vede dal lungomare di Napoli

Alla base del Castello sorge il porticciolo turistico del **"Borgo Marinari"**, animato da ristoranti e bar, sede storica di alcuni tra i più prestigiosi circoli nautici napoletani.

Tappa 2 – Il lungomare di Mergellina

Da Castel dell'Ovo percorri il **lungomare di via Caracciolo** fino alla **Villa Comunale**. Il lungomare, oggi pedonale, è un luogo molto vivo della città, particolarmente adatto per il passeggio o per mangiare una buona pizza presso uno dei tanti locali che vi si susseguono, tutti caratterizzati dalla presenza di tavoli all'aperto.

Uno scorcio del lungomare di Via Caracciolo

Procedendo per via Caracciolo in direzione Mergellina, costeggerai la Villa Comunale, al di là della quale si estende la **Riviera di Chiaia**, un'antica strada che si chiama così poiché in passato essa era caratterizzata dalla presenza di una lunga spiaggia. Lungo questa strada, si ergono numerose ville e palazzi nobiliari, tra cui l'ottocentesca **Villa Pignatelli**, oggi sede di musei e quindi visitabile.

La Sala Rossa di Villa Pignatelli

Andando sempre diritto lungo Riviera di Chiaia, procederai lungo via Piedigrotta fino a Piazza Piedigrotta.

In questa zona potrai visitare il **Parco Vergiliano a Piedigrotta**, in cui è presente il **cenotafio di Virgilio**, un colombario di età romana, tradizionalmente ritenuto la tomba del poeta.
Inoltre, questo parco ospita, dal 22 febbraio 1939, la **tomba di Giacomo Leopardi**, morto proprio a Napoli.

Tappa 3 – Posillipo

Da Mergellina si erge la **collina di Posillipo** (in napoletano *Pusìlleco*), molto apprezzata sin dagli antichi per la sua panoramicità, l'aria salubre e la ricca flora.

La collina di Posillipo è attraversata da quattro strade principali quasi parallele: **via Posillipo** che corre parallela alla costa da Mergellina fino a **capo Posillipo, via Francesco Petrarca** (già **"via Panoramica"**) in posizione più elevata con caratteristiche vedute sul golfo di Napoli e sul Vesuvio, le antiche vie del Marzano e Porta Posillipo (l'una di seguito all'altra) e via Alessandro Manzoni (già "via Patrizi"). Se sarai in automobile, percorrile tutte perché sono bellissime, panoramiche ed eleganti.

In questo ricco quartiere, ti consiglio di visitare, in particolare, il Borgo di Marechiaro, il Parco Virgiliano (anche detto Parco della Rimembranza) e il Parco archeologico del Pausilypon.

Il **Borgo di Marechiaro** è stato negli anni sessanta uno dei simboli della dolce vita in Italia, diventando famoso per le sue frequentazioni hollywoodiane, per i suoi ristoranti tipici che affacciano sullo splendido panorama del golfo.

Il particolare che più ha contribuito alla mitizzazione di questo borghetto è la cosiddetta **Fenestèlla** (in italiano finestrella). La leggenda narra che il poeta e scrittore napoletano Salvatore Di Giacomo, vedendo una piccola finestra sul cui davanzale c'era un garofano, ebbe l'ispirazione per quella che è una delle più celebri canzoni napoletane: **Marechiàre**.

Il **Parco Virgiliano** è caratteristico per la sua elevata panoramicità. Da esso, in un solo colpo d'occhio, infatti, è possibile osservare le isole di **Procida, Ischia e Capri**, l'isolotto di **Nisida**, il **golfo di Pozzuoli**, i quartieri di **Agnano, Fuorigrotta, Rione Traiano, Pianura**, l'Eremo dei **Camaldoli**, il **golfo di Bacoli** ed il promontorio di **Capo Miseno, Monte di Procida**, il **Vesuvio**, la **costa vesuviana**, la **Penisola sorrentina**, la **Baia di Trentaremi** con i suoi resti archeologici ed il **centro storico di Napoli**.

Il **Parco del Pausilypon**, infine, è molto importante per il suo valore archeologico e ambientale. L'accesso al Parco ai visitatori è da discesa Coroglio 36, attraverso l'imponente **Grotta di Seiano**, traforo lungo ben 770 metri, scavato in epoca romana.
Nel parco è possibile ammirare i resti dell'imponente **Teatro dell'Odeion** e di alcune sale di rappresentanza della **Villa imperiale di Pausilypon**, le cui strutture marittime fanno oggi parte del limitrofo **Parco sommerso di Gaiola**.

La Villa imperiale di Pausilypon

La Villa Imperiale, detta anche **Villa di Pollione**, fu fatta erigere nel I secolo a.C. dal cavaliere romano Publio Vedio Pollione e alla sua morte, grazie alla sua posizione molto ambita (a metà sul mare e panoramica con vista sulla parte restante di Napoli, sulla penisola sorrentina, sul Vesuvio e Capri) divenne residenza imperiale di **Augusto**, e di tutti i suoi successori.

30. VISITARE NAPOLI (PARTE III)

In quest'ultimo tour, ci dedicheremo alle bellezze da visitare nei dintorni di Napoli, perché se sei in zona, non ci puoi non fare un salto. Premesso che, in realtà, per descrivere tutti i posti da vedere non basterebbero i tomi di un'intera enciclopedia, voglio proporti tre tappe extra-napoletane che mi stanno particolarmente a cuore: il **Parco nazionale del Vesuvio**, gli **scavi archeologici di Pompei** e la **Reggia di Caserta**. Andiamo a vedere!

Tappa 1 – Il Parco nazionale del Vesuvio

Questo Parco nazionale è stato istituito per valorizzare e salvaguardare uno dei massimi simboli di Napoli, ossia il Vesuvio, vulcano ancora attivo, secondo in Italia solo al siciliano Etna.

Vista del sentiero che costeggia il cratere del Vesuvio

Nel parco è possibile fare escursioni lungo i numerosi sentieri presenti ma quello che più ti raccomando è il sentiero denominato "**La salita al cratere del Vesuvio**", un percorso che ascende verso il **Gran Cono del Vesuvio**, attraversando la Capannuccia e il Rifugio Imbò, prima di ritornare al Piazzale Ercolano (punto di partenza). La sua lunghezza complessiva sfiora i 4 km, anche se diverse navette private ti permetteranno di spezzarlo. Tra tutti i percorsi è quello più frequentato, suggestivo e panoramico, in quanto ti permetterà di guardare in bocca al vulcano da una parte e di osservare il **Golfo di Napoli**, dall'altra.

Tappa 2 – Gli scavi archeologici di Pompei

Dal Vesuvio passiamo a **Pompei antica**, città romana che nel 79 d.C. fu seppellita sotto una coltre di ceneri e lapilli durante una terribile eruzione del vulcano campano.

Una delle strade di Pompei antica

Pompei antica fu scoperta nel 1748 ed è un sito archeologico gigantesco, nonché in continua espansione, grazie alle nuove continue scoperte che gli archeologi tutt'oggi continuano a fare. Le innumerevoli scoperte legate a Pompei, dettero un impulso fondamentale sulle conoscenze della cultura e civiltà dell'Antica Roma. Il fascino di questo sito archeologico unico al mondo è che, durante la sua visita, ti sembrerà di tornare indietro nel tempo, proprio grazie al fatto che il Vesuvio, con la sua attività eruttiva ha permesso una conservazione quasi perfetta dell'intera città, con tutti i suoi edifici pubblici e privati.

Ti consiglio di riservare una giornata intera alla visita di Pompei antica, per poter vedere proprio ogni sua bellezza: il foro, il teatro, l'anfiteatro, le terme, le ville, i templi, la necropoli, le case private, i tanti mosaici, ecc.

Tappa 3 – La Reggia di Caserta

Concludiamo il nostro tour virtuale con un luogo favoloso, straordinario, già dichiarato patrimonio dell'UNESCO: la Reggia di Caserta.

Il **Palazzo reale di Caserta** fu voluto dal **Re di Napoli Carlo di Borbone**, il quale, preso da una "competizione" con i reali francesi e desideroso di donare una degna rappresentanza di governo alla capitale ed al suo reame, decise di inaugurare una reggia che potesse rivaleggiare in magnificenza e imponenza con quella di Versailles.

Vi riuscì? Ben donde! Riuscì a costruire **la residenza reale più grande al mondo per volume**, progettata dal grande architetto **Luigi Vanvitelli**.

La Reggia di Caserta, vista dai suoi enormi giardini

Gli interni della Reggia rappresentano uno degli ultimi esempi di Barocco italiano e sono, a dir poco, fastosi. Sono così belli che vi hanno ambientato tantissime produzioni cinematografiche, anche hollywoodiane, tra cui due episodi di Star Wars. Tra gli ambienti più belli, la **Cappella Palatina**, la **Sala del trono**, l'atrio che si apre sul maestoso **scalone reale** e la **Sala Ellittica** che ospita il magnifico **Presepe Reale**.

Discorso a parte merita il **Parco della Reggia**, un vero paradiso terrestre. Questo enorme giardino è dominato dalla **Grande Cascata**, che suggella una grande quantità di fontane monumentali, vasche, cascatelle, orti, giardini in stile italiano e inglese. Il tutto adornato da deliziose casupole e statue di veneri, ninfe e creature varie.
Visitare la Reggia di Caserta e il suo Parco, significa trascorrere un giorno in paradiso: ne vale veramente la pena!

CONCLUSIONI

Eccoci qua! Abbiamo concluso questa full immersion di 30 giorni nella lingua e cultura napoletana.

Che tu sia napoletano o meno, spero che ti sia divertito, scoprendo e riscoprendo un bel po' di cose relative a questa straordinaria città e cultura.

Io stesso, da nativo di Napoli, posso assicurarti che durante la stesura del libro, mi sono arricchito di meraviglie, curiosità e nozioni, che nemmeno conoscevo o, comunque, avevo dimenticato.

Certo, Napoli è una città piena di problemi e i napoletani sono un popolo pieno di difetti. Ma hanno un cuore grande, una storia di cui essere orgogliosi e tante tradizioni da difendere e diffondere.

Spero, dunque, che la lettura di questo libro ti sia risultata piacevole, che ti sia stata utile e che soprattutto, ti sia venuta voglia di scoprire o riscoprire Napoli e i napoletani.

Non mi resta che salutarti ma lo farò alla napoletana:

Statte bbuòn, ce verìmm a Nàpule!